Heinz Theo Honnef

Paaf, hellije Mann!

Fröhliche Weihnachten op jod rheinisch

Karikaturen von
Andreas Heitz

VMS

Heinz Theo Honnef
Paaf, hellije Mann!

ISBN 3-936253-50-1

Karikaturen: Andreas Heitz

VMS

VERLAG & MEDIENSERVICE
GEORG DIVOSSEN
EIBENWEG 3
53757 SANKT AUGUSTIN
RUF/FAX 02241/932533
Georg.Divossen@gmx.de

Heinz Theo Honnef

Paaf, hellije Mann!

Fröhliche Weihnachten op jod rheinisch

Karikaturen von
Andreas Heitz

VMS

Inhalt

Vorwort 7
Paaf, hellije Mann! 10
Die Weihnachtsplätzchen-Falle 14
Ne Chressboom us Amerika 19
Weihnachtliche Fundsache 25
Dat Wonnzemmer 27
Wie das Christkind zu seinem Namen kam 31
Ad widde Weihnachte 39
Dä Chressboom-Kuggel-Kläuer 43
Me moß jet zozesetze han 48
Zinte Kloos mät Hausbesuche 50
Eier, Botter, Speck 54
Das Rezept 59
Klütte met Schwips 62
Dat knistije Oos 67
Dafür hatten se Jeld! 73
Kreppespell met Hebamm 76
Chresskindche met Dachschade 80
Luur ens, ene Pattevuggel 84
Dat kütt von der Maggelei 86
Ierschte Hilf für de Chressboom 91
Der Weihnachtskuchen 96
Dä menschliche Noßknacker 99
Dat Weihnachtskonzert 103
Donn net esu vill Botter an de Teig 108
Dat Luffjewehr 113
Dat fein Lametta 118
Dat vürnehme Besteck 124
Dä Schlössel es fott 128
De Weihnachts-Muus 135

DANEBEN...

Vorwort

Weihnachte oder, wie die ahle Rheinländer och hück noch sage: Chressdaach, es für die mihste Minsche dat hühste Fess em Johr. Für die Rheinländer suwieso, denn dat es jo der Jeburtsdaach von unserem Häär, der als Chresskindche op de Ääd jekumme es, öm uns der normale Jlaube ze brenge. Also, wenn dat keene Jrond zum fiere es!

Ävver dann es dat Chressfess met der Zick vom "Fest der Liebe" zom "Fess der Jeschenke" un der Fr ... pardong, der Esserei jeworde. Der Chressboom un die Kuggele, die Engelche un dat Kreppche sen längs nimmih de Haupsaach, dofür ävver die Pakete met der Jeschenke, die ungerem Boom lijje. Jot, dat kamme jo noch verstonn, wenn et öm de Pänz jeht, die ad em Sommer aanfange, de Wunschzeddel ze schrieve, ävver die Erwahsene sen och net vell besser, nur dat et denne villeech mih dröm jeht, wat op de Desch kütt, wat et ze frinsele un och, sageme et doch jrad erus, ze suffe jitt.

En de Kirch jeht me nur noch wäjen de Nohbarschaff, un dat am leevste iersch öm 10 Uhr en et Hochamp, dat me vürher usschlofe kann. Un esöns setz me fuul om Sofa, luurt en de Röhre - de Bildröhre, meen ich - un hät jede Menge Ärjer met de puckelijje Verwandtschaff, die usjerechnet dann aanrööf oder sujar selver vürbeikütt, wemme sing Ruh han well.

Nää, wat ene Zortier. Kee Wunder, dat et do Stress jitt, vür allem, wemme sich daage- un wochelang jeplooch hät, dat an Hillichovend alles fein parat jemaat es. Dat fänk jo hückzedaach ad em August aan, wenn die ierschte Schokoladenikoläus, Printe un Levvkoche en de Rejale optauche, kaum dat de letzte Ustereier zom halve Preis verkoof worde sen.

Un spädestens em September verzällt einem de Werbung, dat et hühste Zick wör, de Jeschenke ze koofe, weil, sons könnt me eventuell nix mih krijje un stönd am hillije Ovend met leer Händ do. Oder me moß partout en Fernreis buche, denn wer hückzedaach jet op sich hält, der flüch övver die Chressdaach op de Kanare, noh Florida oder sujar noh Australie. Do es et dann vell wärmer, un jrön es suwieso alles.

Och, wat wor dat dojäje fröher schön! Jot, e beßje Brassel hatt me do och, weil me jo alles su schön wie möchlich maache wollt. Ävver an Hillichovend un denne zwei Chressdaach do wor doch dann alles esu, wie et sen sollt. De Pänz woren esu brav wie sons et janze Johr net, de Eldere han sich jefreut, un all Lück hatten sich jään un wore zefredde.

Un et däät nie jet passiere - oder villeech doch?

Me weeß et net esu jenau, weil jo net jede jään

verzällt, wenne sich donevve benomme hät. Ävver e paar hamme doch jefunge un dat, wat die erlevv han, fein säuberlich opjeschrevve.

Dat mihste natürlich, wie sich dat jehüürt, esu, wie uns de Muul jewaße es, ävver e paar Verzällcher sen dann och en Huhdeutsch jeschrivve. Dat es bestimmb net schlemm, weil mir jo wesse, dat jede Rheinländer vier Sproche sprech: rheinisch, hochdeutsch, dorch de Nas un övver andere Lück - un manchmal och alle vier zejlich.

Se bruche och keen Angs ze han, dat dat all jetz janz "besinnlich" würd, un me sujar e Täschedooch en de Nöh han mööt für ze kriesche.

Nää, janz bestimmb net .... un wenn, dann höchstens vür laache. Un dat sen doch de schönste Tränche ...

Paaf, hellije Mann!

Wat et net all jitt! Do es e Dinge passiert - ich will leever net jenau sage, wo.

Et wor em Treppehuus von ener rheinischen Jrondscholl, en de ierschte Etasch. Die Lehrer han sich selver jet op de Schöpp jenomme und dat "Aula" jenannt, un do wor für die Weihnachtsfeier alles schön parat jemaat.

E joot Deel Stöhl stonnt örndlich en Reih un Jlied, langs de Wänd jov et reichlich Tannejrön, et jov och e Pult, mit ruude Bänder un vell Jrön esu richtich feinjemaat, denn von do sollt dann der Zinte Kloos jet für die Pänz verzälle.

Dat schwatze Klavier - wat sage ich: Klavier, dat wor ene richtije Flüjjel - hatten se och us dem Musiksaal erusjedäut, un do soß jetz der Musiklehrer met enem von singe Schöler, un se dääten noch emol dat Leed übe, watte extra zo dem Aanlaß für vier Händ bearbick hat. Die Mädche un Junge en de Klasse wurten ad immer iggelijer un woren kom ze bändije, un su peu à peu komen och die Eldere von denne Pänz, die Zick hatte, bei der Festivität dobei ze senn.

Endlich schloch et elf, die Dürre jingen op, die Pänz komen erusjerannt un zänkten sich öm de beste Plätz. Die Lehrer un die Eldere versöökten, su jet wie Ordnung en der Dorchenein ze brenge, ävver et hät doch ärch lang jeduurt, bes se all ene Platz jefunge hatte un einijermaßen still, wenn och e bißche hibbelich op ihre Stöhl soße un janz opjeräch op dat jewaat han, wat jetz komme däät.

Och der Musiklehrer wor ärch opjeräch un singe Schöler noch vell mih, wie se dann Sick an Sick an dat Jeflüjjel jejange sen. Ävver eh se sich setze konnte, mooten se iersch noch ens der Hokker jet hüher driehe, un dat, obwohl se et doch vürher usprobiert hatte.

Dann konnt et endlich losjonn met de Musik. Iersch jov et bloß e paar Akkorde und jet Spellerei drömheröm, ävver dann konnt me allmählich de Melodie von “Nikolaus, komm in unser Haus” erushüüre.

Un dann kome och! Die Pänz, die vürre an de Trepp soßen, han en ze-iersch jesenn un denne andere mem Finger jezeich, dat do jet am passiere wor. Von bovven, vom Himmel huh - eijentlich wor et nur de zweite Etasch - kom langsam en jruße, ärch würdevolle Jestalt. Ze-iersch konnt me nur die joldene Stivvele senn, ävver dann noh un noh die vürnehme Wööbche, die hä aanhatt, rich met joldene Fädden bestick. Dann soh me der schwere Krommstab un dann, enjerahmb von enem schniewieße Bart, dat Jeseech von Zinte Kloos, dat feierlich, ävver och jotmödich ussoh. Joo, dat wor wirklich ene hillije Mann, su wie vür mih wie dausend Johr der Nikolaus von Myra eene jewess wor, der als Bischof all Minsche jeholfe un jodes jedonn hatt, un net esu en knallrude Scheeßbuudefijur, wie se uns die Amis op et Ooch jedäut han.

Un wenn me noch hätt zweifele könne, dat do ene richtije Bischof kom, dann däät die huh Kapp, die Mitra, die hä op dem Dääts hatt, un der schwere Bischofsring, den hä am Finger drooch, jeden övverzeuje.

Die Melodie von dem Nikolausleed wurd jetz immer lauter un feierlicher, und der Zinte Kloos jing jenau en dem Tempo langsam de Trepp eravv.

En de linke Hand dääte der Krommstab hale un sich jet dropp stütze, un met der rechte Hand dääte die Pänz un all die andere Lück sääne un se dobei fründlich aanluure.

Hä hätt besser noch unge jeluurt, dann hätte die letzte Treppestuf net övversenn. Ävver su wor et passiert: Hä rötschten us un schloch der Länge lang op der Boddem. Der Krommstab floch en die een Richtung und sing Kapp, die Mitra, en die andere. Der Lehrer un der Jung hüürten op eemol op ze spelle, un et wurd dudenstill. Die Pänz wurten blass un rissen de Muul un de Ooge op. Et wor esu furchbar, dat se sich kaum jetraut han, ze atme un schon ja net ze laache, bes zo dem Moment, wo me die Stimm von enem kleene Mädche hüüre konnt, esu richtich voll Metjeföhl: “Paaf, hellije Mann!”

Die Weihnachtsplätzchen-Falle

Leev Junge un Mädche,

eßt ihr och so jern leckere Weihnachts-Plätzje wie ich? Wenn dat Zeuch bloß net esu deck mache däät. Wie heeß et doch esu schön: 10 Sekunden in de Muul un 10 Johr op de Hüfte. Jot, bei minger Ahl, wat dat Walli ist, da sin et eher 20 Johr. Ävver dat is se och selvs schuld, weil die ja immer wie beklopp is, wenn et öm et Backe jeht. Su e paar Woch vür Weihnachte kritt se ne Hau met de Wichsbürsch. Dann muß ich die driss Backblech schrubbe, Mehl, Zucker und Botter koofe wie wenn et op Weltreis jing, un dann wierd jebacke bis in de Naach. Die Enkelche dorften beim Backe methelfe, de Förmche ussteche un die Stään, Monde, Nikoläus und Engelche met Zuckerguß, Mandele und Haselnöß verzieren, ävver wehe, wenn se dat Zeuch jlich selvs schnabuliert han. Dann joov et von mingem Walli aber e Donnerwedder, dat de Putz von de Wänd fiel.

Aber dat war schon en leckere Zigg. Et roch noh Vanille un Zimt, noh Anis un Spekulatius, un ich hätt immer wigger frinsele könne, ävver do kannt ming Ahl keene Pardong. Die Plätzje komen in jroße Blechbüchse, us denne der Koofmann an der Eck fröher Kamelle von Storck und Villosa verkoof hät. Och, dat moß e dutzend oder mih jewäse sen. Ich hat manchmal dat Jeföhl, dat Walli dääť für de janze Nohbarschaff metbacke. Die Blechbüchse dääť ming Ahl dann en de Kleiderschrank im Schlofzimmer stelle, Dür zo, affjeschlossen un de Schlössel nohm se met. Bloß, ich hat natürlich och ene! Un wenn dat Walli om Speicher oder em Keller wor, dann ben ich erinn an die Blechbüchs un han die Plätzje probiert, dat wor quasi so ne Art Qualitätskontrolle.

Ävver dann, eines Daachs, mir soßen beim Middaagsdesch, do fing dat Walli an ze brülle: "Wenn ich der Lomp krijje, der ming Plätzche friß, der schlaren ich kapott!"

Se hatt anscheinend jet spetz jekrich, denn irjendwann wor die ierschte Dos leer jewess, un do hatt ich die Dos im Schrank noh hinge jestellt un en andere noh vürre. Dat Walli hät uns all am Desch anjestiert, un ich un die Pänz sin janz kleen jeworde, weil der Blick von dem Walli, der konnt Löwen töten. Mir woren ens ze Kölle em Zoo, un am Löwenkäfig, da hät ming Ahl dem ärme Dier su en de Ooge jeluurt, dat et dem janz bang jeworde es un et sich jaulend in de Eck versteck hätt, un mir han Hausverbot jekrich. Von do aan heeß et: Dat Walli hät dä böse Blick.

Ich han mir natürlich nix anmerke losse, ävver ich wor jewarnt, weil, bei dem bösen Blick von dem Walli, do hät me dat Jeföhl, dat alles in einem am avsterve es.

Ävver der Hunger op die Plätzje wor stärker wie ich, un irjendwann wor och die zweite Dos leer.

E paar Daach donoh jing et Telefon. Ming Walli jing dran un kom dann janz opjeräch en et Wonnzemmer un meint, dat unsere Nohber von nevvenaan jerad in et Krankehuus jekomme wör. Se hätten ihm de Mage uspompe mösse, weil er sich verjiff hät. Un dann leet sich dat Walli op et Sofa falle un fing an ze flenne. So hatt ich dat noch nie erlevv. Un et säät, der Dokter meint, et könnt an de Plätzje jelegen han, weil, sie hätt dem Nohber e paar jeschenk. Und der Dokter meint, in dem Mehl könnt Mutterkorn jewese sin. Wie, ihr wißt net, wat dat is? Also moß ich üch dat och expliziere: Mutterkorn, dat is ene Pilz, janz schwatz, der stich im Weizen un is hochjiftich. Heut jib et den net mih, jedenfalls net hierzeland.

Wie ich dat mit dem Mutterkorn jehört han, wurd mir jedenfalls janz blümerant vür de Oore un ich kräch direk Buchping. Ich meint zu minger Ahl, dat mir janz schläch wör un ich och bei de Dokter mööt. Un komisch: och ming Enkelche un minge Jung sochen janz jrön em Jesich us. Dat Walli hät dann met der Knatscherei opjehüürt, un op eemol jrins dat Aas un säät: "Ereinjefallen! Un jetz her met dem Schlössel vom Schlofzimmerschrank. Ich will wisse, wer ming Plätzche schnabuliert hät."

Un wat soll ich sage? Net nur ich, och die Pänz un minge Jung holten jeder ne Schlössel eruss. Die hät dat Walli dann konfisziert, un die janze schönen Plätzje zur Strof in de Nohbarschaff verschenkt.

Jot, ich mein, mir sin natürlich hingerher und han verzällt, die Plätzje wören verdorve un deshalb däät dat Walli die auch so freijiebich verschenke, wo et doch sonst esu kniestich wör. Und die mihste Plätzje hamme och widderjekrich - ävver dat darf dat Walli net wesse, sonst werde mir all op Diät jesetz.

Also, leev Junge un Mädche, denkt immer dran: 10 Sekunden en de Muul un 10 Johr op de Hüfte.

Ne Chressboom us Amerika

Leev Junge un Mädche,

hat ihr och so ne riche Onkel oder en Tant en Amerika, nur für met denne anzejevve? Bei uns en de Nohbarschaff woren dat de Peffekovens. Janz fing Lück, hatten noh em Kreech ad e Auto, wo mir noch nix ze fresse hatte und soßen en de Kirch immer en de ierschte Reih. Der ahle Peffekoven wor domols, wie der Jröfaz, dä "größte Führer aller Zeiten", dat Sare hatt, ene von de ierschte, der für de Partei durch de Stroß jetrokke es, un singe jüdische Companjong us de Handschohfabrik hät sich dann schnell usem Staub jemaat.

Noch dem Kreech hatten die op eemol all dat Jedächtnis verlore un dääten mit all Leevkind mache. Am widderlichste von der Baggasch wor der dreckelije Panz von denne, der all Lück in de Nohbarschaff met de Flitsch ärjere dääť.

Irjendwann, kurz vür Weihnachte hing dat Walli, ming Ahl, em Wonnzimmerfenster un dääť luure, wie se vürm Huus von de Peffekovens ne jruße Kaste vom Lastwagen jehovve han. Övverhaup, dat Huus! Et wor dat ierschte Huus, wat von ene Bomb jetroffe wurd. Die fell op et Dach, durch de Speicher bis en de Keller un jing dann huh.

Ävver die Peffekovens woren en de Sommerfrisch und denne es nix passiert. Un dat Huus, von dem nur noch de Fassad stonnjeblivve wor, dat Huus wor et ierschte, dat noh dem Kreech widder opjebaut wurd und ussoh wie us em Ei jepellt. Me moß eben de richtije Lück an de richtije Stell kenne.

Jot, die Spediteure han also die Kess op de Straß jehovve, un ich konnt vom Finstere us senn, dat do ne amerikanische Adler drop wor. Dat Madame Peffekoven hatt ene französische Lütütü un stond en ihre enge Pantöffelche immer em Wech eröm.

Weil die komische Kess net en de Flur bei denne eren passe wollt, han se se op der Straß usenander jenomme, un wat wor dren? Ne Weihnachtsboom us Plastik. Ich mein, dat der us Plastik wor, dat konnte me net sen, ävver dat Madame Peffekoven hat en Stimm wie en Kreissäch, un do hamme et jehüürt, weil se et allen op de Straß op de Nas jebunge hät. Der Boom war von denne ihre amerikanische Verwandte und stonk noh Chemie, dat mir et noch em dritte Stock rüche konnte.

Dat Madame Peffekoven meint ävver, dat mööt so sen, weil der Boom janz fresch us de Fabrik wör. So ne Quatsch!

En dä Kist wor nevve dem Boom och e Kessje met amerikanischem Weihnachtsschmuck, ävver ärch bunt, so wie die Jlasklickere, die Ömmesse, von de Pänz.

Ävver jetz kütt et, die Sensation: en der Kess wor och en elektrische Chresboombeleuchtung. Ich mein, schön, hück is dat nix besonderes, wo jeder su dausend Biirche am Boom hät, dat me de Tannenadele net mih senn kann. Ävver domols, do hät dat noh kei Minsch jekannt.

Ovends beim Essen jing plötzlich et Telefon, un die ahl Peffekovens, die mit dem französischen Lütütü, däät frore, ob ich inne net helfe könnt, weil die schön neu Chressboombeleuchtung net jeht.

Ming Ahl wollt natürlich met, öm de Plastikboom ze sen, de Wiever sen ad all esu neujierich. Jot, Widerstand wor sowieso zwecklos, weil, wenn sich dat Walli wat en singe decke Kopp jesetz hät, do hält me besser de Schnüss.

Mir also hin bei die Peffekovens, die Wonnung von denne, dat wor die reinste Villa. Un dat Madam Peffekoven stolzierte öm der Boom eröm wie su en Gluckhenn und wor am stronze, dat enem de Uhre wihdääte. In dem Wonnzemmer wor et ieskalt, weil der Boom stonk wie en Wesseling de chemische Fabrik un se deshalb de Finstere opjerisse hatte.

Der ahle Peffekoven stond donevven, stolz wie Oskar, un et hät net vell jefehlt, un er hät de Hacke zesammenjeschlage, wie ich jefroch han, wat dann los wör. Der zeich mir de Stecker von dä Lichterkett, un dat wor jo klor, dat der net passe konnt. Für mich wor dat kee Problem, ich han einfach de

Stehlamp en de Eck jenomme un de Stecker affjefummelt. Und wie ich esu am brassele ben un de Stecker an die Lichterkett maache, deut mich dat Walli plötzlich in de Sick und hält mir dä Karton vor de Schnüss. *Input Voltage 110,* stond do. Weeß ich doch net, wat dat heiße soll. Vielleech wor dat dä Preis von dem Zeuch in Amerika. Ich han minger Ahl jesagt, se soll mich en Ruh losse, dat wör Männersach, un do grins die mich doch su blöd an, dat se ovends em Bett von der Männersach net vell merke dääť. Die ahl Peffekovens wor natürlich am laache, is jo klor, dat die Wiever zesammehalle wie Klätschkies. Der widerliche Panz von de Peffekovens hät dat met de 110 och jeläse un verzällt mir jet von Strom en Amerika. Woher well der dat denn wesse? Ich sare also, Strom wör Strom, ävver sing Motter nimmb en in Schutz, er jing ja schleßlich op et Gumminasium un wör jo so ne schlaue Jung. Wenn der Panz su schlau wör, dann könnt der doch der driss Stekker selvs anfummele, saren ich, un ming Ahl schlöch mir vür de Kopp, wat mir dann enfalle dääť, dat ärm Kind esu anzeblaffe.

Wat soll ich sare, wie mir do su schön ons am zänke sen, jeht plötzlich dä Boom an und dääť leuchte wie dä Höhesonn beim Dokter. Et wurd einem richtig wärm, net nur öm et Hätz, och sonst. Jedenfalls hatte der widderliche Panz dä Stecker einfach ohne ze frore in de Dos jestopp. Ich mein, die Lichterkett wor janz schön hell, un dä Jestank von dem Boom wurd och irjendwie anders. Ävver ejal. Dem Madame Peffekoven is et plötzlich pressiert un se wollt uns usem Huus han. Ävver net met minger Ahl. Die wollt Jeld senn für die Arbick. Obwohl, dat Walli hatte jo eijentlich jar nix jedonn, nur jemeckert. Die Peffekovens deet jedenfalls plötzlich janz kniestich un verzällt jet von Weihnachte und joode Nohbarschaff, ävver wenn et öm Jeld jeht, es met minger Walli net ze spaasse. Se setz sich op dat schöne Kanapee, mäạt de Been lang un jrins, dat se iersch usem Huus jeht, wenn se ihr Jeld kritt. Wat heeß eijentlich "ihr Jeld"? Dat is doch wirklich en Jemeinheit. Na ja, der ahle Peffekoven hät ihr dann fönf Mark en de Hand jedrück, un die Sach wor erledigt.

En halve Stund späder, mir woren widder ze Huus, wor plötzlich ene Radau op de Stroß, un e Feuerwehrauto koom met Karacho aanjeflore. Dat Walli luurte also usem Finster un däät ene Brüll, dat et bei Peffekovens am brenne wör. Do hat ich ad esu e komisch Jeföhl.

Dat Huus von de Peffekovens wor zappenduster, ävver et däät qualme us all Finstere. Die Feuerwehrlück schlochen die schön Pooz kapott un hollten dat Madame Peffekoven erus, die sich de Seel usem Liev jehoos hät. Der ahle Peffekoven kom usem Huus marschiert, wie wenne en de Kasern wör, un hät och noch en Pief en de Schnüss, als ob et net schon jenoch qualme däät. Boven brüllt ene von dä Feuerwehrlück, dat me usem

Wäch jonn sollt, un dann floch jet Jrönes op et Trottoir. Soh irjendwie us wie der jröne Kappes von minger Ahl un roch och esu. Dat Dinge wor janz glibberich. Et wor der Boom, der die Lechterkett net övverlevv hät. Ich han dann de Rückzoch anjetrodde, ze-iersch langsam, ävver dann wollt ich mich verdröcke, weil plötzlich die ahl Peffekovens jebröllt hät, dat wör ming Schold jewess. Ävver dat wor ne Fehler, denn ming Walli säät der midden en et Jesech, dat ihre dreckelige Panz dä Stecker in de Dos jedäut hät. Un weil die ahl Peffekovens keen Ruh joov, hät ming Walli mit der Fuus en de jrüne Glibber jepack un klätsch ihr dat Zeuch medden en de Muul, dat se keen Luft mih kräje hät. Der ahle Peffekoven wollt mem Stock op ming Walli losjonn - ich mein, jot, eijentlich hät der ihr ruhig esu e paar ...

Na jot, also ich han mir jedach, et es Weihnachten, un dat ich jo schläch ming Frau von fremde Lück verkamesöhle losse könnt. Also han ich mir och en Portion von dem jröne Glibber jenomme un se ihm en de Visasch geklätsch.

Wat soll ich noch sare: Die Lück op de Straß han anjefange zu applaudiere, un die Peffekovens woren esu beleidich, dat se fottjeloofe sen. Mir han se wochelang net jesenn - un in unserer Stroß hät se och keener vermiß.

Also, mir kütt so ne Plastikboom net en et Huus. Wenn et bei uns stink, dann es et Natur - oder et jov jröne Kappes von minger Ahl.

Weihnachtliche Fundsache

Ein Gerichtssaal ist auch in der Vorweihnachtszeit kein sehr angenehmer Aufenthaltsort, schon gar nicht für den Beklagten. Der saß denn auch wie ein Häufchen Elend auf seinem Armsünderbänkchen und mußte sich nach den üblichen Formalitäten die Vorhaltungen des Richters anhören.

Der Sachverhalt war eigentlich klar. Der nicht mehr ganz junge Mann hatte auf einer offenbar nicht genügend gesicherten Baustelle eine größere Menge Kupferrohr gestohlen, um es gewinnbringend zu veräußern. Dabei war er jedoch beobachtet worden, und die Polizei hatte wenig später in einem Holzverschlag hinter der Baracke, in der er mit seiner Familie lebte, das Diebesgut gefunden und sichergestellt.

Da konnte es kaum gerechtfertigte Zweifel an seiner Schuld geben, umso weniger, als der Mann nur gelegentlich arbeitete, den Lebensunterhalt seiner Familie überwiegend mit kleineren Gaunereien und Diebstählen bestritt und deshalb schon mehrfach vorbestraft war.

Der Richter war ein älterer, freundlicher Herr, dessen dichtes weißes Haar durchaus Beziehungen zum Weihnachtsmann ahnen ließ. Die bevorstehenden Festtage mochten ihn zusätzlich milde stimmen, und er bemühte sich nach bestem Wissen, dem Beklagten ein Schuldbekenntnis leicht zu machen. Doch der blieb allem guten Zureden zum Trotz verstockt und behauptete hartnäckig, das Kupferrohr gefunden zu haben und es, da niemand mehr auf der Baustelle war, nur mit nach Hause genommen zu haben, um es am nächsten Tag zurückzubringen.

Der Richter redete vergebens mit Engelszungen auf ihn ein: "Aber hören Sie, guter Mann, warum wollen Sie es denn sich und mir so schwer machen? Das Leugnen nützt Ihnen doch nichts, es macht im Gegenteil alles nur noch schlimmer. Und ich habe ja Verständnis dafür, wenn Sie das nur getan haben, um Ihren Kindern etwas zu Weihnachten kaufen zu können. Also geben Sie es schon zu - Sie möchten doch die Feiertage sicherlich lieber zuhause verbringen!"

Doch auch die goldene Brücke, die der Richter dem Beklagten baute, betrat dieser mit unverständlicher Starrköpfigkeit nicht. Und so mußte der Vorsitzende die entscheidende Frage stellen: "Angeklagter, wenn Sie wirklich, wie Sie behaupten, das Kupferrohr nur gefunden hätten und zurückgeben wollten, warum haben Sie es dann so sorgfältig unter alten Decken versteckt, daß selbst die Polizisten es nur zufällig entdeckt haben?"

Die Antwort kam im Brustton der Überzeugung und kündete von erstaunlicher Naivität: "Jooo, Herr Richter, dat moot ich doch. Bei uns kläue se jo wie de Rabe!"

Dat Wonnzemmer

Leev Junge un Mädche,

ich weeß net, wat met dem Chreskindche is, dat moß irjendjet jejen mich han, sonst dääten net immer so komische Saache passiere.

Direk noh dem Kreech is uns, also minger Ahl, wat dat Walli is, un mir e Dinge passiert, ma mööch en net jlööve.

Also, dat war so: Als dat met de Bombe em Kreech immer schlemmer wurd, do wurde me evakuiert, noh Schlesien, dat wor vielleech en Himmelfahrt.

Na jot, irjendwann wor der Kreech dann eröm un mir sin widder heim, Holzklasse versteht sich. Tagelang wore me ungerwechs, bis me widder en Bonn wore. Un wat hatte mir en Angst, dat alles kapott wör, uns Stroß un uns Huus. Dat Walli däät de janze Zigg nur kühme, ich hätt ihr em leevste de Muul mit Leukoplast zujeklevv, wenn ich et nur jehatt hätt. Dann kome me noh Huus un, wat für e Wunder, et stond noch do. De Fassad war jet zerschosse un e paar Fensterschieve woren och kapott, ävver et stond! Also simme erin, Trepp erop un dann hatte me de Kladderadatsch: De Huustür wor fott, un net nur de Huustür. Die janze

Möbele woren och fott, die Wonnung wor leer. Dat Walli un dat Kleen dääten kriesche un sich op de Bodden schmieße. Jot, ich ben dann erunger un han en de Nohbarschaff erömjefroch, op eener uns Möbele jesenn hätt, also ich meen, ob eener jesenn hät, wer se us de Wonnung jeschlepp hät, weil, von janz alleen sen die wohl net davonjeloofe. Also, dat mihste han ich dann en de Nohbarschaff widderjefunge. Hee en Kommod, do ene Teppich. Denne han ich jet verzällt. Mir han fass alles widderjekrich, bloß die Wonnzemmermöbele woren und blevven fott. Dat schöne Sofa un dä jruße Schrank met dem Desch. Alles fott. Keene hatt jet jesenn, ich mein, die woren sowieso all jet pikiert, weil ich unsere Krom widderhan wollt. Ävver dat Walli hät denne de Marsch jeblose. Mit minger Ahl lech me sich besser net aan, wemme sing Zänn behahle will.

Für neu Möbele hatte me kee Jeld, also hamme uns jet zerechjefusch. Dann kom Weihnachte, un su ohne Möbele hatte me im Wonnzemmer jenoch Platz für ne Chressboom, denn han ich vom Friedhof ... jot, dat es widder e ander Histörche.

Minge Chef hät uns dann e janz besonder Jeschenk jemaat. Ich mein, jet zu spachtele wör mir leever jewess, ävver er hat zwei Theaterkaate für ons, weil e selvs keen Loss hat, mit singer Madam dohin ze jonn.

Theater! Dat wor eijentlich net ming Pläsier, ävver dat Walli wor Füer un Flamm, dääts sich opbrezele un meint, en beßche Kultur däät mir och nix schade.

Dat Theater an de Klinik wor kapottjeschosse, ävver se han dann em Klara-Schumann-Gymnasium un em Metropol am Markt jespillt. Mir also hin, an de Maat. Dat Walli stolzierte eröm un föhlte sich wie de Königin von England, oder hatten die domols noch ene Könich? Ich weeß et net, is och ejal. Also, mir setzen in de Bänk, et Lich jeht us, un dä Vorhang jeht op. Dat nächste, wat passiert es, weeß ich noch janz jenau: Dat Walli nevven mir däät ene Brüll, all Lück han uns anjeluurt, un ming Ahl verzällt denne, dat die Möbele do ovven op der Bühn unser Wonnzemmermöbele sen. Dat wor ene Zortier. Die Schauspieler woren janz wödich, weil keener mih zojehüürt hät, un dat Walli wollt, dat die direk ophüüre, un mir uns Möbele wiederkrijje.

Also, wat soll ich sage: Mir han se widderjekrich. Net direk op Weihnachte, ävver bahl noh Neujohr, un dann worense widder do. Ävver wie die en dat Theater jekomme sen, konnt oder wollt uns keener sage. Wor jo och ejal, et wor alles widder do, obwohl, wenn ich mir unsere Teppich su beluure... Esu ene schöne Teppich hatten mir vürher net, aber pst, ihr hat jo nix jehuurt.

Wie das Christkind zu seinem Namen kam

Net dat Se jetz verschreck werde, weil dat op emol en huhdeutsch aanfänk. Weil, dat es jo quasi jet Wissenschaftliches, so jet “Arschologisches”, wat immer dat ze bedügge hat. Un dat kamme op rheinisch net esu schrieve met all der schwere Wörder. Ävver Se bruche keen Angs ze han, dat wierd janz flöck widder rheinisch.

Die Rheinlande, genauer gesagt: der linksrheinisch gelegene Teil, sind dank der Eroberungsgelüste römischer Kaiser seit mehr als 2000 Jahren hochkultiviertes Siedlungsgebiet. Zeugnisse dieser Besiedlung finden sich nahezu überall, wenn man nur tief genug gräbt, zur Freude der Archäologen und zum Verdruß der Bauherren, sei es nun die vielzitierte öffentliche Hand oder ein privater Unternehmer.

Überraschungen sind dabei vorprogrammiert, doch selbst erfahrene Historiker zeigten sich aufs Äußerste verblüfft, als bei Instandsetzungsarbeiten unter dem Kölner Rathaus Teile des römischen Statthalterpalastes, des “Praetoriums”, freigelegt wurden und man bei dieser Gelegenheit ein uraltes Pergament fand, das erstaunlich gut erhalten war.

Noch größer war das Erstaunen, als man feststellte, daß der Text zwar in lateinischen Blockbuchstaben geschrieben, aber eindeutig in rheinischer Sprache verfaßt war. Es handelte sich um einen Brief, den ein Kölner Legionär in römischen Diensten an seine Familie geschrieben hatte und in dem er Ereignisse schildert, die zu jener Zeit im damals noch nicht so heiligen Land stattgefunden haben. Wie dieser Brief an die Fundstelle gelangte, ist noch ungeklärt; immerhin besaßen die Römer ein gut funktionierendes Postwesen, und die Brieflaufzeiten zwischen Rom und Köln waren - auch und gerade an heutigen Verhältnissen gemessen - erstaunlich kurz.

Jetz können Sie natürlich sagen: Wer weiß, ob dat all so richtich es. Aber da sag ich Ihnen: Ich hab mit dem Mann selber jesprochen, der mir dat erzählt hat. Jot, me weiß et net, dat is so lang her, Jahre, wat sag ich Jahre, Jahren is dat her, wenn et net jelogen is, so Stücker 2000 werden dat wohl sein, da war der Teufel noch janz klein un hatt´ sooo kurze Hörner ... un deshalb - me weiß et net!

Aber lassen wir nun unseren Legionär zu Wort kommen.

Leev Marie, leev Pänz!

Der Aujustus hät jesagt - mir sagen immer Aujus für der, dann ärjert der sich schwarz, aber der kann ja nix machen, weil der uns nötig hät, denn mir müssen ja für ihn überall aufpassen, un wenn et irjendwo Kriech jib, dann müsse mir de Kastanien aus em Feuer holen - also, der Aujustus hät jesagt, dat all Leut sich zählen lassen müssen; ich jlaub, der hat ene Peck - nä, wie sagt me - der war sauer auf der Quirinus, wat der Öberste von Syrien is, wo dat Judäa beijehört, un er hät den im Verdacht, datte die Steuern in de eijene Tasch ... me weiß et net.

Aber weil er dat befohlen hät, un weil er ja der Kaiser is, da muß dat auch jemacht werden. Un da mußte dann jeder op heim aan schwenke, also quasi nach Haus jehen, für um sich zählen zu lassen. Un da machten sich dann auch der Jupp auf der Weg in sein Vaterstadt nach Bethlehem, wat die Stadt vom David is, wo er von abstammen dät.

Jetz war der aber net allein, nää, der hat dat Marie bei sich, sein anverlobt Mädche. Un - pass auf, jetz kömmt et - dat Marie war hoch in Umständ, wie me so sagt: Dem wor der Rock vörre kürter wie hinge.

Dat muß me sich emal vorstellen, die waren ja noch net mal verheirat, un dat dollste war, dat Kind soll jar net von dem Jupp jewesen sein, nää, dat Marie soll da - ich will ja nix jesagt haben - dat soll nen Knuuv, nen Fisternöll, also quasi en Verhältnis jehabt haben, mit wem, dat weiß me net so jenau. Wobei, Fisternöll, dat soll ja später mal aus em französischen kommen, von "Fils de noel" oder so, wat soviel heißt wie "Weihnachtsjung".

Ja, un damit wäre me wieder beim Thema.

Wie die zwei jetz nach Bethlehem jekommen sin, war da de Teufel los, klar, kamme sich ja vorstellen, et war doch Heiligabend, und die meisten Wirtschaften hatten zu, un die paar, die aufhatten, da war keine Platz mehr. Da sin se dann von Pontius zu Pilatus jelaufen, aber nix ze machen. Bis dann zum Schluß ne jotmütije Wirt, wie der sah, dat dat Mädche in Umständen war, ihnen jesagt hat, se können in dem Stall schlafen, da wär et wenigstens trocken, un Stroh jäb et auch.

Ja, un in dem Stall hat dat Marie dann seine erste Jung jekriegt - dat weiß keiner so jenau, wie dat jejangen sein soll, ich mein, wer da die Hebamm war un überhaupt un so. Et hat der Panz, also der Jung, dann in Windele jewickelt - wo et die herhatt, weiß auch wieder keiner - un ihn en die Futterkripp jelegt. Un da war ene Ochs un ene Esel, un die haben dat Kind dann von beide Seiten mit ihrem Atem warmjehalten - dat war quasi die erste Jasheizung.

Auf nem Feld nahebei waren e Teil Hirten un haben auf dat Vieh aufjepass, Jetz war dat ja mitten in der Nacht un et war sowat von dunkel - zappenduster, kamme sagen - denn et jab ja kein elektrisch Licht, die hatten höchstens e klein Feuerchen, für sich de Händ wat zu wärme.

Da kamme sich vorstellen, wat die für ′ne Schreck jekriegt haben, wie da auf einmal ′nen Engel aufgetauch is, wie aus em Boden jewachsen un so strahlend hell, wie se noch nie wat jesehen hatten, heller wie de Sonn un dat mitten in der Nacht. Richtig Kadangs - also riesige Angst - hatten se, is doch klar.

Aber der Engel hat se direk beruhigt un für sie jesagt, ja, wat me eben so sagt: "Fastelovend zesamme", oder sowat, un: "Ihr müßt vor mir net bang sein, ich tu euch nix. Nää, ich hab´ jote Neuigkeiten für euch. Ihr könnt euch freuen, denn heut is hier in der Stadt vom David der Messias auf de Welt jekommen, un ihr braucht auch net lang ze suchen, denn ihr könnt en leicht erkennen: Er es ene kleine Weckelditz, en Wickelkind, un er liegt in der Futterkripp in dem Stall da!"

Un dann auf einmal, da kamen noch viel mehr Engele, und et wurd immer heller, dat die ärme Hirte de Sonnebrell aufsetzen mußten. Und die Engele waren am Jubeln, wie wenn de FC schon deutsche Meister wär, un se sungen Halleluja un riefen:

All Ehr soll sein dem Herrjott em Himmel,
un für de Mensche, die er jern hat
soll allzeit Friede sein.

Ja, un dann sin die Engele wieder ab wie en Raket in der Himmel, un die Hirte, wie se wieder wat sehen konnten, sagten füreinander: "Laß me mal in der Stall jehn un luure - also, ich mein: kucken tun - wat da passiert is und ob dat alles stimmt, wat die Engele uns verzählt haben."

Un se sin dann janz flöck hinjelaufen und haben

dat Marie un der Jupp jefunden un auch dat Wekkelditzje in der Kripp, un von dem jing auch so ne helle, himmlische Jlanz aus wie von der Engele. Un da sin se auf de Knie jefallen un haben sich wat jebetet, un dann sin se rumjelaufen un haben überall verzählt, wat se jehört un jesehen hatten.

Se sin dann wieder heimjetrocken, un se hatten en Freud im Herz, die se jar net bejreifen konnten, un se haben de Herrjott jepriesen un hochleben lassen für all dat, wat se erlebt hatten.

Dat helle Licht von der Engele, dat hatten aber auch noch andere Leut jesehn, vor allem, wie die wieder nach oben in de Himmel jeschossen sin wie en Raket, dat war ja so hell, heller wie jede Stern. Un da waren drei Könije, die hatten vorher schon jeweissagt, dat da ne neue, mächtije König jebore würd.

Un dat helle Licht, dat war für die dat Zeichen: Dä, jetz is et passiert!

Da haben se dann direk dat Köfferchen jepack un sich aufjemacht, nix wie ab nach Kölle - nää, is ja verkehrt, nach Kölle sin die ja erst in tausend Jahre jekomme un auch nur als Knöchelchen - also: ab nach Bethlehem. Se hatten natürlich wat mitjenommen, jehört sich ja so: Jold un - jetz weiß ich net, ob ich dat richtig mitjekriegt hab - also Jold, Breitlauch un Möhre, wat an sich ja Quatsch wär, wo der Klein jo noch jar kein Zähn hat, für ze kauen.

Wie se dann an der Stall kamen, sin se direkt

Jesses!

erein, für ze jratulieren, un der letzte, dat war der Lang, der Balthasar, un der hat sich net tief jenug jebückt - sagt me ja auch: Äsel bück dich oder stuß dich! - un da is der voll mit dem Dätz, also mit dem Kopf, jejen der Balken jeknallt.

"Jesses!" schreit der da, un dann sagt der Jupp janz leis für dat Marie: "Siehste, dat is jetz emal ne schöne Name!"

Ad widde Weihnachte

Leev Junge un Mädche,

jetz is ad widde Weihnachte, un ich han jrad iersch de letzte Ostereier verputz. Is ja och kee Wunder, die fange hück mit dem Weihnachtsspektakel jo schon em Huhsommer an. Demnächst verkoofe se de Schokoladenikoläus zesamme mem Sonnenöl. Ich mein, wo komme dann do hin? Solle me demnächst de Weihnachtsboom in de Jaade nevven de Grill stelle, dat me schon em August Weihnachte fieere könne?

Wat ming Ahl, dat Walli, is, dat hät de reinste Weihnachtskoller. Em Hervs es die schon de Kuggele am streichele un hät en janz verzück Jeseech. Dann jeht se mir wochenlang op de Nerve, wo me de Boom dies Johr hinstelle. Su ne Quatsch, dat Dinge steht seit 30 Johr immer an der selve Stell. Ävver nä, die määt Pläne, es am messe un am plane, als däät se net ene Boom opstelle, sondern e Kapellche baue.

Un dann die Schenkerei. Hat ihr och esu ne Jeschenkeschrank om Speicher stonn? Nä? Also mir han so ne Jeffschrank, extra für de Jeschenke, ich mein, für dä Driss, dä me sich net en de Wonnung stelle kann. Wenn et dann widder esu wigg es, dann luure me, wat me so en de letzte Johr jekrich han, un wemme dat Zeuch diss Johr andriehe könne. Ming Ahl hät dä Plunder richtich beschriftet, su met Zettelche. Do steht dann zom Beispiel drop: en Kaffeekann von de Tant Zilli, Weihnachte 1995, Wert 20 Mark. Un dann setze me uns an de Wonnzemmerdesch un övverläje, wem me dat schäbije Dinge diss Johr schenke könne. Ich mein, peinlich is et, wenn mir dat Zeuch widderkrijje. Ich jlööv, die Kaffeekann hamme ad e paarmol verschenk un späder widder zurück jekrich. Ävver do es ming Ahl patent drin. Die schriev et janz jenau op, un die rechnet och janz jenau noh, wievell me schenke un für wievell me jeschenk krijje. Un wenn beispielsweis dat Tant Zilli, dat kniestije Oos, für uns bloß e paar fusselije Topplappe usem Ramschlade övvrich hät, dann mösse me uns natürlich aanjemesse revanschiere.

Janz schlemm es et met de Pänz un de Enkelche. Ich jlööv, die schrieve de Wunschzeddel jlich op Endlospapier. Un wat für ´ne Kroom die han wolle. Dabei wesse die Enkelche jenau, dat se vom Walli jedes Johr Ungerwäsch un Socke krijje. Un ich han dann immer minge Fotoapparat parat für dat blöde Jeseech opzenemme, wat die maache, wenn se de Jeschenke uspacke.

Jot, se wesse natürlich jenau, dat se och immer jet Schönes von mir krijje. Ävver dat hät singe Preis. Ohne Weihnachtsjedichte jitt et nix. Un die Pänz breche sich jedes Johr ene aff, öm dat Jedicht opzesage. Dat is dann immer esu richtich schön peinlich. Un wenn minge Jung dann och noch de Videokamera loofe löß, öm die Stammelei für die Nohwelt fesszehale, dann is Weihnachte für mich jeloofe.

Ävver der Weg dahin ist hatt. Fröher, ja da fung der Weihnachtskroom so em Dezember aan. Dat hät och jereich. Ävver hück? Monatelang Weihnachte fieere. Ich weeß et net. Irgendwie han ich em Dezember ad de Loss verlore un ben fruh, wenn dat Jedöns eröm es.

Ävver, wie heeß et esu schön: Jede Jeck es anders - och, un Fastelovend könnt me jo eijentlich dann von mir us och ad em Sommer fieere. Oder direk met Ustere un Weihnachte zesamme. Also, Chresskindche, Alaaf!

Dä Chressboom-Kuggel-Kläuer

Leev Junge un Mädche,

me liss et jedes Johr in de Zeidung: Jrad ze Weihnachte jitt et de mihste Wonnungsenbrüch. Kann sen, dat die Einbrecher selver knapp bei Kasse sen un noch en Jeschenk bruche, kann ävver och sen, dat die Lück en der Vürfreud jet leichsinnich sen un Dürre oder Finstere opstonn losse. Zodem wird et jo fröh duster. Ich mein, bei uns däät sich dat keener traue. Net wejen dem Daggel, dem Adolf, den mir han. Wenn do ne Einbrecher köm, däät dat doofe Dier dem wahrscheinlich och noch Pfötche jevve. Ävver met minger Ahl, wat dat Walli is, do hät der nix ze laache. Ich jlööv, die däät su ne Kääl in de Schwetzkaste nemme un eijenhändich bei de Polizei schleife.

Ävver et jeht ja och net um öns, sondern öm ene Fall us der Nohbarschaff: Bei der ahl Frau Nußbaum wor enjebroche worde. Morjens fröh, mir lochen noch en unserem Jedresse, da kom de Polizei met Tatütata dorch de Stroß. Ming Ahl natürlich direk erus us de Feddere un an et Finster. Dat die sich net schamb, nur su em Naachshemb övver de bläcke Fott. Der Polizeiwagen helt vür´m Huus von der Nußbaums. Do joov et für ming Ahl natürlich keene Halt mih. Anstatt Fröhstöck ze mache, is se jlich op de Stroß, öm alles us ierschter Hand mitzekrijje.

Dat Komische an dem Enbruch wor, dat die Enbrecher jar nix mitjenomme hatte, nur e paar Chressboomkuggele. Die ahl Nußbaum hatt nix jehüürt, ävver wie se morjens opjestande wor un in et Wonnzemmer kom, waren die Kuggele fott.

“Wieso Kuggele?” han ich ming Walli jefroch, wie se endlich widderkom.

“Weeß ich doch och net! Die Nußbaums stellt dä Boom immer schon e paar Daach vür Weihnachte hin, deshalb.”

“Aha! Ävver woröm hät dä Einbrecher die Kuggele jeklaut?”

“Dat weeß die Polente och net. Der Kriminal hät jesaat, se dääten et für ne dumme Streich hale. Oder die ahl Nußbaums es ad jet donevve un hät verjesse, dat se die Kuggele övverhaup an de Boom jehange hät.”

“Hät dat die Polizei jesaat? Ich mein, dat mit dem donevve?”

“Nää, ich!” säät ming Ahl. Na ja, die hat jo op alles en Antwort.

Ävver als am nächste Morje wieder Trara op de Stroß wor, weil anjeblich der Einbrecher noch mih Kuggele jekläut hatt, do woß ming Ahl auch net mih wigger. Um die Nußbaums uszehorche, hät se se zom Kaffee enjelade. Ävver die ahl Nußbaums leet sich net einladen. Is sowieso en sonderbare Frau.

Am späte Nohmeddaach däät et dann Sturm bei uns schelle, un als ich opjemaat han, stond doch tatsächlich die ahl Nußbaums vür der Düür un wor am kriesche. Se wöre ad widder dojewess un hätte all die schöne Kuggele metjenomme, un et Lametta. Jetz wor mir klar, dat die ne Hau met der Wichsbürsch han moot. Wat sollen Enbrecher dann met Lametta?

"Sons fählt nix? Kee Jeld, keine Schmuck?" däät ich se froge.

"Nää!" däät die Nußbaums kriesche.

"Un de Polizei?"

"Die jlööven mir net. Ich han se anjerufen, ävver die han nur jelaach un widder opjeläch."

"Han Se denn de Düür och jot affjeschlosse?"

Die Frau Nußbaum däät necke un dann schnell dat Schnäpsche drenke, dat ich ihr hinjestellt hat.

"Wat wollen Se jetz maache?" wollt ich wesse.

"Ich moß doch neue Chressboomkuggele kaufen, is doch bald Hillichovend", wor se am schniefe.

"Dann lossen Se dat doch met de Kuggele. Wenn keen Chressboomkuggele mih am Boom hänge, kütt och keene Enbreche mih." Jot, ich jevve zo, dat wor net minge beste Enfall, un die Nußbaums es dann och fott, ävver iersch, wie se noch so zwei, drei Schnäpsche jekipp hatt. Se wor ad e janz kleen beßje anjesäuselt, wie se jing.

Offenbar hät se neu Chressboomkuggele jekoof, denn medden en de Naach stond se ad widder vür de Düür, däät kriesche un wollt ze-iersch ihre

Schabau han, eh dat se verzällt hät, dat die Schufte ihr och die neue Kuggele jekläut hätte. Ming Ahl hät se sich von all Sigge beluurt, ob se vielleicht jet ob de Kopp jekrich hät. Für mich wor die Sach klor, die jehürt bei de Pellmann en de Klapsmöll.

"Han Se dann keene, bei dem Se wonne könne?" hät ming Ahl jefroch.

"Jo, solang, bis de Polizei weeß, wer dat is, der bei Inne enbrech", meint ich müd un wollt en et Bett.

"Ävver die Polizei kütt jo jar nimmih. Die wolle doch met mir nix mih ze donn han", heulte die Nußbaums so laut, dat de Pänz wach wurte un Raddau jemaat han.

"Ävver Se han doch ene Jung, oder net?"

"Do jonn ich net hin!" säät die Nußbaums op eemol janz bös. "Dat Frauminsch, dat der jehierot hät, kann ich net ligge."

"Mein Jott, jetz ze Weihnachte, verjessen Se doch der janze Ärjer ens. Besser, Se sen bei Ihrem Jung, als wenn Inne der Enbreche eene övver de Kopp häut."

"Nä! Dat Frauminsch kann mir de Naache däue!" wor dat letzte, wat se säät, dann wor se fott.

Am nächste Morje hät dann ming Ahl bei dem Jung anjerufe, un meddachs wore bei uns. Mir hatten och sing Motte bestellt, un su joov et en Familliezesammenführung mit vell Jeschrei un noch mih Gekriesche in uns Köch. Dat se sich net och noch met unserem Porzellan beschmesse han, war alles. Na ja, End jot, alles jot.

Ach, Se wollen wesse, wat met dem Kuggelkläuer wor? Tja, dat war ne komische Verzäll. Nohdem die Frau Nußbaum nämlich bei ihrem Jung wor, do wor ze-iersch emol Ruh. Ävver dann hät die Polizei in der Wonnung ene Panz erwisch, wie der met enem Schlössel en die Wonnung erin es un do irjendjet jesöök hät. Der Jung hät dann natürlich jlich ausjepack, wat los wor - un eijentlich war dat alles sojar janz eenfach. Der Panz war nämlich der Enkel von der Nußbaums, un der Schlössel wor von singem Vatter. Un der hät singe eijene Jung anjestiff, bei der Oma de Kuggele ze kläue, bes dat se janz iggelich wird un ihr quasi jar nix anderes mih övvrigblivv, wie dat Chressfess bei de Famillich ze verbringe. Also Familliezesammenführung op die janz raffinierte Tour. Et hät natürlich Ärjer jejovve, ävver erst noh Weihnachte, weil wenn die Polizei der ahl Nußbaums ad vürher jesteck hätt, dat ihre eijene Jung hinger der Sach steck, wär die doch direk widder fott von ihrer Famillich.

Also dat moß ich schon sage: komplizierter jeht et wirklich net. Eijentlich jehürt die janze Famillich en de Klapsmöll ... un vielleech hätten die jo och noch e Plätzje frei für ming Ahl.... Ich werd mir zo Weihnachte jo och ens mal jet wönsche dürfe, ävver me kritt jo nie dat, wat me han well.

Me moß jet zozesetze han

Der Krieg war lange vorüber und mit ihm die Zeit des Hungers. Es gab wieder genug zu essen - mehr als genug. Und man hatte so vieles nachzuholen.

Die erste Freßwelle war übers Land gegangen und hatte Spuren hinterlassen, sichtbare Spuren. Auch meine Großmutter, ohnehin eher dem barocken Typus zugehörend und selbst in Notlagen der Nachkriegszeit nicht gerade dürr zu nennen, hatte besorgniserregend zugenommen. Doch alle diesbezüglichen mehr oder weniger versteckten Anspielungen tat sie mit leichter Hand ab: "Me moß jo och jet zozesetze han!" und meinte damit sowohl künftige Notzeiten als auch womöglich kräfte- und gewichtszehrende Erkrankungen. Und wann immer ich - als der am wenigsten barocke der ganzen Familie - ihr als leuchtendes Vorbild dargestellt wurde, wehrte sie ebenso kategorisch ab: "Jo deeer .... der kamme jo och en de Botterdos setze, ohne dat do jet draankütt!"

Doch an einem Weihnachtstage wurde in diese Verteidigungslinie eine tiefe Bresche geschlagen. Der erste Weihnachtstag war wie immer dem engsten Familienkreis vorbehalten, der an sich schon groß genug war. Am zweiten Feiertag erschienen dann weniger nahe Verwandte, Kusinen, Onkel und Schwägerinnen. Und wer immer da befürchtet haben mochte, daß nach dem ersten Tag nur noch Reste zur Verfügung stünden, sah sich angenehm enttäuscht. Selbstgebackene Plätzchen gab es ohnehin im Überfluß, aber es gab auch noch viel kräftige Rinderbrühe mit Markklößchen und Gemüse, einen herzhaften Braten nebst Beilagen und für den, der nicht bis zum Nachmittagskaffee warten konnte oder wollte, Pudding mit eingemachtem Obst.

Was Wunder, daß danach andächtiges Schweigen herrschte, da zunächst alles zur Verfügung stehende Blut von Gehirn und Mundwerk abgezogen und dem Verdauungstrakt zugeführt wurde. Doch in diese Stille hinein trompetete unvermittelt die etwas schrille Stimme von Tant Bäbchen, einer Schwägerin meiner Großmutter: "Sach ens, Annche, wie schwer bes du eijentlich?"

Diese sehr direkte Frage brachte meine Großmutter, die sonst durchaus nicht auf den Mund gefallen war, doch ein wenig in Verlegenheit. "Och ... ich weeß et net esu jenau, ich han mich lang nimmih jewoch .. su zwei Zentner werden et sen."

Doch damit gab sich die Fragerin nicht zufrieden und stellte triumphierend fest: "Nää, Annche, dat kann net sen! Ich weje zweihondertzwanzig Pond - un du bes decker wie ich!"

Zinte Kloos mät Hausbesuche

Leev Junge un Mädche,

wenn et noh minger Ahl, wat dat Walli is, jing, dann däät se am leevste och noch dä Zinte Kloos spelle, so knatschverdötsch is die noh Weihnachte un dem janze Krom. Bloß dääten ihr ming Nikolaus-Klamotte un der Bart net passe, weil dat Walli su´n Trumm is. Also moot ich dran jlööve, wobei, et jov natürlich noch mih Nikoläus bei uns en de Nohbarschaff. Et jov ne Jesangsvereins-Nikolaus un ne Heimatvereins-Nikolaus, ne Tischtennisvereins-Nikolaus un eben och ne Freiwillije-Feuerwehr-Nikolaus, un dat moot ich immer mache.

Einmal is allerdings e fies Dinge passeet, un seit dem Malör jitt et keene Jesangsvereins-Nikolaus mih.

Also, dat war esu: Mir hatten uns ens widder im Hoff versammelt, jeder in singe Nikolausklamotte un mem Hans Muff an de Sick. Bloß dem Jesangsvereins-Zinte Kloos wor irjendwie der Hans Muff unger de Räder jekomme, et wor jedenfalls keene do. Und dann hät dat Walli unserem Enkeljung jesaat, er soll sich jet Kohlenstöbb in et Jeseech schmiere un mit dem Jesangsvereins-Zinte Kloos jonn. Der Jesangsvereins-Nikolaus wollt ävver jar net un meint, er dääť diss Johr alleen jonn, ohne Hans Muff. Ävver minger Ahl jitt me besser keen Widderworte. Die hätt en anjeluurt met ihrem Blick. Und wenn die eine su anluurt, dann hät me dat Jeföhl, alles dääť einem irjendwie affsterve un dä Kopp dääť einem platze. Dem Jesangsvereins-Zinte Kloos jing et och net besser un e hät jekusch, ävver am schänne wore trotzdem, hingerem Rökke von minger Ahl.

Ovends dääť der Jung dann verzälle, watte erlevv hät. Der Kerl war met dem Jung bei en jewisses Frollein Büllesheim jejange. Wie ich dat mit dem Frollein hürt, han ich mir jlich jedach, wat do jetz kom. Dat Frollein Büllesheim dääť janz nett, der Jung sollt sich op et Sofa setze un e paar Kamelle esse, un der Nikolaus is mit dem Frollein in et Nohbarzimmer jejange. Un der Jung hät jewaat un jewaat, un irjendwann hätte ens jemoot und janz vürsichtich an de Tür jeklopp un wollt wesse, wo dann der Abtrett wör, und dann wör dat Frollein Büllesheim janz zerröpp widder erusjekomme, un der Zinte Kloos hät keene Bart mih jehatt un wör janz rut em Jeseech jewess.

Do wor mir jo klor, wat die zwei mitenander gemaat hatten. Ob der Trepp hät der Zinte Kloos dann dem Jung ene Heiermann jejovve, datte nix sääť.

Wie ming Walli dat jehürt hat, hät se ne Brüll jedonn vür Wut. Hät de janze Zick erömjeblök, wat der Kerl für ne fiese Fremdjänger wör. Net ens Rücksicht op dä Kleen dääte er nemme. Dann hät se sich dat Telefon jeschnapp un bei der Frau von dem Jesangsvereins-Nikolaus anjerofe un der die Sach bröhwärm verzällt.

Also, wat soll ich sage: E paar Daach späder senn ich dä Zinte Kloos op de Stroß, un der hät zwar keene Bart, ävver dafür zwei blaue Augen. Vell späder han ich noch jehüürt, dat dat Frollein Büllesheim in andere Umständ un us der Wohnung erusjefloge wör. Un minge Enkeljung, der woß natürlich och janz jenau, wat die zwei do jemaat hatten, un dat wor für ming Ahl dat schlemmste, dat die Pänz von hück ad esu versaut wöre. Dabei hät der arme Jung doch jar nix jedonn. Un die fünf Mark? Die moote och noch minger Ahl jevve, weil dat jo Schweijejeld wor un net ihrlich verdeent. Do soll noch eene sage, Schweigen wär Jold - jot, er hätt ja och net de Schnüss jehale, un für die Petzerei hät me dä Enkeljung eijentlich noch verkamesöhle mösse.

Eier, Botter, Speck

Leev Junge un Mädche,

Musik kann jo jet Schönes sen, wemme et kann. Wemme et net kann, dann wird et schlimm, ärch schlimm. Domols, et war schon Kreech, do kräch ming Ahl, dat Walli, plötzlich su ne musikalische Fimmel. Et meint, et mööt partu Musik maache, als hätte me domols keen andere Sorje gehatt. Ich mein, der Jröhlfatz, ihr wißt jo, wenn ich meine, der moot ohne mich Kreech mache, ich moot net bei de Soldate, me nannt dat domols kreechwichtije Produktion, wo ich drinhing.

Also, dat Walli wor net dovon avzebrenge, Musik ze maache, un wie Weihnachte kom, han ich jedach, jot, mach ich minger Ahl en Freud und schenk ihr en Ziehharmonika, su ne Quetschebüggel, der us joder Luf schlächte Musik määt. Ich mein, dat mit der schlächte Musik konnt ich jo domols noch net wisse. Ich hat dat Dinge bei nem Altröcher jesenn, janz billig, weil, wer wollt dann em Kreech jet domit anfange? Blau wor et, blau mit wieße Schildpattbeschläje.

Dat Walli hät sich wirklich jefreut, wat net heeß, dat se och e Jeschenk für mich hat, so wigg jing die Freundschaft dann och widder net.

Und dann fing die verdammte Überei an. Ich konnt dat Jejaule bahl nimih hüre, ävver dat Walli dääť sich och noch enbilde, et wär jot un dääť Fortschritte mache. Mir hatte domols ne Hund, ne Daggel. Dat Walli hät ihn Adolf jenannt. Keine Ahnung, wat dat sollte. Wenn ming Ahl mit dä Quetschkomod losjeläch hät, dann fing dat ärm Tier an ze knaatsche, un ich hät am leevste mitjekrische.

Un am schlemmste wor et, wenn die Ahl och net anfing ze singe. Dann heeß et: nix wie weg.

Noh dem Kreech hatte me all nix für ze fresse. Mir moote alles verkloppe, sin dann in de Eifel bei de Bure und han bei dem jierige Pack alles für Eier, Botter un Speck jetuusch. Irjendwann wor der Quetschbüggel dran. Dat Walli wollt net, ävver de Hunger wor stärker. Daagelang hät et jekrische, ävver ich un der Hund, mir han opjeatmet.

Dat met de Musik hät sich bei dem Walli dann jeläsch. Et is zwar en de Kirchenchor, ävver do hät et sich immer erömjezänk, un do han se et erusjeschmisse. Oh, wat hät et jeschannt, dobei war se et doch selvs schuld. Un singe konnt se sowieso net. Irjendwann durf se dann widder mitmaache, weil der Chor sowieso jet schwach op de Brust wor.

E paar Johr späder wore me dann en de Eifel für spazierezejonn. Un wie mir da so an nem Büürehoff vürbeiloofe, da wird der Adolf, also ich mein, der Daggel, der wird janz hibbelig un rennt plötzlich in en Schüür. Mir sin natürlich hingerher un han noh dem Köter jerofe. Da kom der Buur usem Huus, un der kom mir so bekannt vür. Un wie der hüürt, dat mir noh dem Adolf söke, daach der zeiersch, mir wären bekloppt un wollt sojar de Polizei rofe. In der Schüür wor alles duster, ävver dann däät dat Walli op eemol ne Brüll un schlepp en Kess eruss. Ich hatt et ja irjendwie jeahnt, ävver en dä Kess wor die verdammte Quetschkommod. Dä Adolf moot dat Dinge jeroche han. Et wor zwar en bißchen stöppich, ävver leider noch tip top. Un dat Walli hät vor Freud Träne in de Augen jehat, klemmt sich dat Dinge öm un fing aan ze spelle. Dä ärme Hond wor am jaule un is fottjerannt, un die ärm Köh em Stall sen janz raderdoll jeworde.

Ich han dä Buur op Sick jenomme un ihm in et Ohr jeflüstert, dat en Onjlück passiert, wenn er minger Ahl dat verdammte Dinge widderjitt. Da fröch dat raffgierije Aas doch tatsächlich, wat ich ihm dafür jevve könnt, un ich sage, er könnt 20 Mark han, mih hätt ich net dobei. Jetz woren 20 Mark domols verdammb vill Jeld, un der Buur schloch en un säät dem Walli, dat er dat Musikinstrument net herjevve könnt, weil, dat wär e Erbstück von singer Oma, un et Walli däät sich verdonn, dat sie ihm dat domols für Eier, Botter un Speck jejovve hät. Bloß dat unger dem Deil der Nome von dem Walli stond. Ich wor domols su doof jewess un hatt den einjraviere losse, wie ich

WUHUHUHUuuuu...

ihr dat Dinge jeschenk han. Natürlich hät dat Walli jemerk, dat do jet fuul war un hät dem Buur de Kaasch enjemaat.

Dat End vom Lied wor, dat net nur die 20 Mark fott woren, die hät dat Walli dem Buur nämlich affjenomme, sondern dat ming Ahl och noch der Quetschbüggel noh Huus jeschlepp hät.

Jenütz hät et ihr ävver nix. Einmal, wie se dat Dinge kurz op em Bodden afjestellt hät, kom der Adolf un hät vor lauter Verzweiflung in de Quetschkommod erenjepinkelt. Dat Walli hät jeschannt, ävver die Kommod wor kapott, un dafür hät der Hund von mir noch ne extra leckere Knoche jekrich.

Das Rezept

Reiche und arme Leut hat et ja schon immer jejeben, un auch, dat et in reiche Familien janz arme Leut jab - ich sag‘ nur: verarmter Adel - oder dat aus ´ner armen Familie einer zu sehr viel Jeld jekommen is, wie auch immer.

Nur so konnt´ dat nämlich passieren, wat der Toni und dat Trautchen erlebt haben. Dem Toni is nämlich eines Tages en Einladung in et Haus jeflattert: Großes Familientreffen, Abendkleidung erbeten. Abendkleidung? Jot, der Toni hat seine beste Sonntagsanzug angezogen, war sowieso der einzige, un hat sich in der Zug jesetz.

Et hat sich jelohnt! Schloßhotel, phantastische Suiten un noch besseres Essen, Champagner in Strömen - wobei dem Toni e Kölsch lieber jewesen wär - und alles für lau. Jot, der Toni hat ereinjehauen wat nur jing, wie wenne drei Tag nix Vernünftijes jejessen hätt, wat ja quasi auch so jewese war. Un am besten hat ihm der Kuchen jeschmeck, wat heiß hier: der Kuchen? Einer von den werweiß-wie-vielen, die da zum Kaffee anjeboten wurden. Aber der eine, der hat et ihm anjetan, un dann hatte jedach, den könnt dat Trautchen doch auch emal backen. Seine janze Mut hatte zusammenjeraff un nach dem Rezept jefrach, un tatsächlich kam dann der Küchenchef persönlich un hat ihm dat jejeben.

Wieder zu Haus hatte dem Trautchen dann alles jenau erzählt, dat mit dem Kuchen hatte darüber janz verjessen. Erst Wochen später fiel et ihm wieder ein, un dat war auch jenau richtig, denn auf dem Umschlag stand "Tessiner Weihnachtstorte", un dat war jrad e paar Tag vor Heiligabend.

Jot, er hat dat Rezept dem Trautchen jejeben, un die hat dann de Kopp so volljehabt, dat se et erst mal wegjelegt hat, bis et ihr frühmorjens auf Heiligabend wieder einfiel. Un da hat se jedacht: Machste dem Toni en Freud´ un backs ihm der Kuchen.

Se hat dat Rezept dann aufjemacht un jleich ´ne Pfeffermünzschlag jekriegt, wie se die Zutaten jelesen hat. "500 Gramm Butter! Wo soll ich e Pond Botter hernemme? E Vierdelpond moß et och donn, un e Vierdelpond Majrinebotte! 12 Eier? Mir han doch keene Höhnerhof! 3 werden et och donn.

Mandele, Marzipan, Rosine, Korinthe, kandierte Früchte? Wat es dat? Un wo soll ich dat hernemme? Kirschwasser un ... wie heeß dat? .... Grand Marnier? Wat es dat widder, kann doch kein Minsch bezahle - der Schabau, den der Toni do immer süff, dovon ´ne örndliche Schuß, dat wird jot schmecke. Jo, un Mehl und Zucker, dat hamme jo reichlich!"

So hat dat Trautchen dann der Teig jemacht un in de Form jetan. Ab damit in de Ofen, 1 Stund bei 180 Jrad, un dann war et fertig. Konnt me net direk sagen, dat der Kuchen jot aussah, aber dat hat me ja oft, dat irjendwat janz mickerig aussieht aber toll schmeckt, von wejen: innere Werte. Ja, der Kuchen wurd dann kalt, un dat Trautchen immer neujieriger, bis se et nicht mehr erwarten konnt un sich e Stückche abjeschnitten hat. Dat hat se probiert un jleich wieder ausjespuckt: "Bääh! Ich weeß wirklich net, wat die riche Lück an dem Kooche finge!"

Klütte met Schwips

Leev Junge un Mädche,

ich hat dat jo komme senn, ävver dat Walli, wat ming Ahl is, die will jo immer mem Kopp durch de Wand, un dann hatten mir die Sauerei. Hatt ich üch dat von der Weihnachtsjans ad verzällt? Nää? Dann paßt op:

Weihnachte moot dat Walli en Jans op dem Teller han, sons war mit dem nix anzefange. Dann kroch dat singe Hormonkoller un wor am kriesche, dat me ihm am leevste der Boom öm de Uhre jeklatscht hätt. Ävver am schlimmste wor die Sach mit dem kopflose Flattermann.

Ich hatt dem Walli im Sommer en Jans im Vürrejebirch gekoof un se en der Verschlach op em Balkon jedonn, wo ming Ahl se mäste wollt. So ne Verschlach, den hatten se domols all op em Balkon. De mihste hatte Stallhase oder Duuve do drin, un e paar hatten och en Katz us de Nohbarschaff, un die Katz wurd im Ofenrohr dann, wat e Wunder, zum schönste Kaninchebrode.

Aber ming Walli hätt nie im Levven en Katz jefresse. Also mot et en Jans sin.

Un dat Vieh hät uns de Hoor vom Kopp jefresse, dat hätt für en janz Schwein jereicht. Wör mir och vell leever gewess, so e schön Kotelett oder en Brodwuursch, ävver nä, dat Walli wollt jo sing Jänsekeul. Dann hät se dem Vieh och noch ne Name jejovve, Trude, wenn ich dat schon hüüre. Un mit dem Trude hät se immer jeklaaf. Ich sage et jo, die Wiever sin all verdötsch.

Dann kom Weihnachte, un morjens op Heilichovend sollt dat Vieh jeschlacht werde. Jot, dat war nix für mich, weil, ich kann kee Blot senn. Ävver dat Walli wor für nix ze bang. Se hät sich e Metz hinjeläch un der Verschlach opjemaat, wo dat dekke, fette Trude drinjehutsch hät wie su ne Buddha. Also, ming Ahl schnapp sich dat Vieh, klemmt et sich zweschen sing Been un wollt ihm de Kopp avsäbele. Bloß, dat Trude wor esu fett, dat et dem Walli plötzlich zwischen de Been dörchjerötsch is, jenau in dem Augenblick, wie ihm dat Metz durch de Hals jing. Die Jans wor wie beklopp am bloode un floch eröm wie su´n Fleddermuus, un dann is se vom Balkon eravv en de Hoff. Hätt ich jar net jedach, dat dat Vieh ohne Kopp övverhaup noch fleje konnt. Ejal, dat Walli däät ene Brüll un rannt mit der blodije Schützel durch de Küch in de Flur und wär bahl de Trepp erafjefallen. Ich natürlich hingerher. Op der Straß schoß die Jans wie su ne Tieffliejer am Kopp von dem Walli vorbei un wor am bloode wie ne Springbrunne. Dat Walli wollt zoschnappe, ävver do floch dat Dier doch tatsächlich wieder huh en de Luft un quer

övver de Stroß - un dat bei Rut! Do kom jrad en Bierkutsch, vürre zwei Pääd un hinge e paar Fässer Bier von de Kurfürsten Brauerei direk öm de Eck. Die Pääd han dä Flattermann jesenn un kräche ne Schreck wie beim Abdecker. Ich woß jar net, dat Pääd esu huh springe könne. Die Bierkutsch wär bahl ömjefalle, e Faß rollte eraf un quer övver de Stroß. Mir han natürlich versöök, dat Dinge opzehale, jing ävver net. Am Trottoir hät et ne Hopser jemaat, is direk op uns Huus zojerollt un Paaf, wor et kapott, un dat Bier leef jenau in unsere Klüttenkeller. Ich mein, et blivv natürlich och noch Bier üvrich, dat han mir uns dann all op de Stroß schmecke losse. Hätte me doch besser mol noh de Klütte jeluurt, die hätten et nüdijer jehatt, aber et wär doch schad öm dat Bier gewess. Jot, dat Walli is dann noch hinger dem Flattermann her, ävver dann kom so´n Töhl, däät ene Schnapp un fott wor der Köter mit der Jans.

Mir hatten also keene Brode, un dat Walli wor de janze Zigg am schänne, dat ich se am leevste in et Ofenrohr jedäut hät, bloß, dat hätt do jar net erinjepaß, weil ming Ahl so´n richtije Maschin wor. Ävver dat schlemmste wor der Jestank von dä Klütte. Dat stonk wie en de Kneip, wemme se affbrenne wollt. Dat Walli hät sich nur de Nas zojehale un immer jesproche wie uns fein Tant Josepha, die deet och immer durch de Nas un von bovven eraf spreche, wenn se ihre Lüttüttü hät. Dat Walli hätt dann irjendwann vürjeschlage, mir sollten der Verschlach vom Balkon verheizen un dat ahle Nachskommödche, weil se wejen der Bierklütte keen Luf mih kräch.

Am zweite Weihnachtsdaag hamme dann e paar von dä Stinkklütte zusammenjeraff un sin noch ens zo dem Buur im Vürrejebirch un han die Klütte für su´n schön kleen Spanferkelche jetuusch. Dat Walli hät trotzdem jeschannt, ävver ich krooch ene leckere Brode met Zaus. Und dann han ich für ming Walli e Halsband jebastelt. Net, wat ihr jetzt denkt! Schamme sollt ihr üch. Nä, dat Halsband war für de nächste Jans, dat et net widder su´n Sauerei jitt, denn die Blotsflecke op dem Boddem, die kamme hück noch senn.

Dat kniestije Oos

Leev Junge un Mädche!

Is et widder su wigg? Immer, wenn ming Ahl, wat das Walli is, su ne Jlanz in de Ooge kritt, dann jitt es bestimmb bahl de schönste Kladderadaatsch. Wenn ich an die janze verdötschte Schenkerei denke, dann wird mir janz schlääch. Vür allem noh dem Dinge, wat do passiert is. Pass op, dat moß ich verzälle:

Also, dat war esu: Et war ens widder Weihnachte, un ich hatt für dat Walli en elektrisch Nähmaschien jekoof. Ich mein, wenn ich dem ad ens jet schenke moß, dann doch winnichstens jet, wat se bruche kann. Ich also bei der Zettelmeier, dat is esu ne Elektroladen öm de Eck. Ävver wohin mit dem Dinge? Dat Walli is doch esu verdammb neujierich und luurt in all Schublade un Schränk, weil et ad vürher jenau wisse will, wat et jeschenk kritt. Im Keller, do hatte me ne ahle Schrank von de Oma, un da hat ich die Nähmaschien erinjepack un de Düür zujenagelt.

Wat soll ich sage: Ich jonn eines Daachs eravv in de Keller, für Klütten ze holle, un do is der verdammte Schrank fott. Ich eropp bei dat Walli un froge ming Ahl, wat se mit dem Dinge jemaat hät, un do säät mein mir anjetrautes Ehejespenst doch wahrhaftich, ne Altröcher wär dojewess un hätt ihr für dä Schrank e paar Mark jebodde. Un weil Weihnachte wör un die Pänz doch su düüre Sache han wollte, hätt se jo jesaat, un der Altröcher hät der Schrank usenander jenomme und es fottjefahre.

Ich froge ming Walli: “Wie? Fottjefahre? Op em Fahrrad oder wie?” Weil, ich kannt ne Altröcher us de Nohbarschaff, der wor der janze Daag om Fahrrad ungerwechs, un der hat für der Pröll ne kleene Anhänger jebastelt.

“Nä”, säät dat Walli, “der Kerl hät ene richtige kleine Laster jehatt.”

Jetz mot ich jo oppasse, dat ich mich net verrode. “Un der hät dä Schrank einfach su usenander jekloppt?” han ich also janz harmlos jefroch.

“Nä”, säät dat Walli, “dat Dinge wor doch us zwei Deil. Die hätte nochenander de Trepp eroppjedrage un fott wore.”

“Un du verkööfs einfach su nem wildfremde Mann der Schrank von de Oma?” han ich jetz jefroch un janz entrüstet jedonn. Ich mein, jot, der driss Schrank wor mir ejal, ävver dat Jeschenk wor jo schließlich net janz billich jewese.

“Mein Jott”, reef ming Ahl, “dat woß ich doch net, dat du su an der ahle Kess jehange häs. Do woren doch sowieso nur de Wörm drin.”

Na, wenn dat Walli jewoß hätt ...

Jot, ich also in der Nohbarschaff jefroch, ob einer ne Altröcher in nem Laster jesenn hät, un tatsächlich kroch ich ene Tip un ben direk hin. Säät der Kerl für mich, er hätt jlich jemerk, dat in dem Schrank noch jet drinne gewess wor, un er hätt och jlich die Düür mem Brecheisen opjemaat un mingem Walli der Karton mit der Nähmaschien jejovve. Ävver watte dann jesaat hät, dat wor e Dinge ....

Beim Ovendesse hät dat Walli dann janz harmlos jedonn, bis ich wisse wollt, ob se dann eijentlich die Nähmaschien jefunge hätt, weil, dat sollt e Jeschenk für de Tant sen. Ich konnt ja schläch sage, dat et für sie sen sollt. Un dat Walli meint, klar hätt se dat un stellt dä Karton op de Desch. Un ich luure und luure un denke plötzlich: Komisch, die Maschien sah doch janz anders us. Un wie ich jenauer hinluure, da merken ich, dat dat e janz billich Dinge wor, bloß der Karton, der wor von minger düüren.

Jetz woß ich jo, dat dat Walli wat ussheck.

E paar Daach späder kom der Possbote mit nem Paket für dat Walli. Ich frooch natürlich, von wem dat dann wör, un da säät ming Ahl, dat wör e Chresskindche von nem Onkel von ihr von janz wigg weg. Ich wollt mir die Adress aanluure, ävver do hät se der Karton fottjenomme un jemeint, den däät se iersch bei de Bescherung opmache.

Also, janz ehrlich, ich han dat met dem Onkel net jejlööv. Fröher hät dat Walli nie Pakete jekrich un jetzt op eemol? In der Nach, wie dat Walli am schlofe wor, han ich jesöck un et janz unge in dä Wäschbütt unger der dreckije Wäsch gefunge. Mem Rasiermesser han ich et janz fürsichtich opjeschnidde, un wat soll ich sage: Et wor ne Nerzschal drinne. Un die Adreß op dem Paket? Dat wor der Altröcher. Hät ming Ahl die düüre Nähmaschien versetz, öm sich dä vürnemme Nerz ze koofe. Dat wor et, wat dä Altröcher mir verzällt hat, jetz woß ich Bescheid, wat der janze Zortier eijentlich sollt.

Tja, dann kom de Bescherung mit der janzen Famillich. Jede packte singen Krom us und hät esu jedonn, wie wenne sich freue däät, un dann kom dat Walli met dem Paket von dem anjebliche Onkel. Den Absender hatt se janz verschmiert, dat me nix mih läse konnt. Also: se fummelt janz feierlich dat Paket op, luurt janz erwartungsvoll, mir kucke all janz jespannt zurück, un se klappt dat Paket op un luurt erin. Un luurt, un luurt, bis mir se endlich frore, wat denn los wör. Un dann holt ming Walli der Schal us dem Paket. Der schöne neue Schal ... us echtem Stallhas. Nix mit Pelz - ich han jo jesaat, dat ich dat Paket wieder schön zujeklevv hatt - ävver natürlich iersch noh dem Ömtuusch.

“Übrijens”, meent ich janz harmlos zu mingem Walli un tipp op dat Paket, “die Tant hät aanjerofe un sich für die kapotte Nähmaschien bedank. Et wär doch einfach keine Verlaß mehr op die Poss.”

Wat soll ich sage: Ming Walli war dat janze Weihnachtsfest övver lammfromm. So brav han ich dat noch nie erlevv.

Ach, Se wolle wisse, wat bei dem Ömtuusch von dem Nerz in dat Kaning erussjesprunge is? Wer wird dann esu neujierich sen? Jetzt sagen Se bloß nix mingem Walli. Wenn dat der Jeruch von Jeld in de Nas kritt, dann drieht dat direck widder durch.

Dafür hatten se Jeld!

Da kann einer sagen, wat er will: Der Rubens is ene kölsche Jung! Jot, Sie werden jetz sagen, der is doch in Siegen jeboren? Aber wenn en Katz em Kuhstall Junge kriegt, sin dat dann Kälbchen? Zujejeben, die Eltern von dem Peter Paul kamen aus Antwerpen, aber der Panz is in Kölle jroßjeworden. 10 Jahre hat er da jelebt - da muß doch wat hängen bleiben vom “hillije Kölle” un rheinischer Lebensart. Später is er dann ja auch wieder quasi zum normalen Jlauben überjetreten. Un - wenn dat net alles sagt - für die Kirche St.Peter in Kölle hat er dat Altarbild jemalt, vielleicht dat letzte, wat er überhaupt jemalt hat, denn dat hing noch im Atelier, wie er jestorben is. Un heutzutage hängt et natürlich da, wo et hinjehört: über dem Altar von St. Peter.

Warum ich Ihnen dat all erzähle, un wat dat mit Weihnachten ze tun hat? Moment, dat krieje mir jleich.

Da war nämlich ene andere kölsche Jung, un der hieß auch Peter, op jot kölsch: Pitter. Un der Papa war met dem kleine Pitterche auch mal in St. Peter un hat ihm dat Bild jezeigt. Un im Jahr danach waren se in Belgien un haben da Urlaub jemacht.

Jetzt is da dat Wetter auch net mehr dat, wat et

mal war. Un nach drei Tagen Regen sin se dann nach Antwerpen jefahren; Stadtbummel, einkaufen un wat me da so macht. Un wie se schon mal da waren un weil et immer noch - jetz hätt ich beinah “Dreß” jeschrieben - am rääne war, sin se auch in dat Rubenshaus un dann in dat königliche Museum.

Jot, für dat Pitterche war dat all net so dat Richtije, der wurd′ dann erst wieder wach, wie er den Papa jefragt hatte, wat denn so ein Bild von dem Rubens kostet. Ja, hat der Papa jesagt, dat kann me net so jenau sagen, weil, die Bilder in dem Museum, die werden net verkauft. Aber wenn so′n Bild von dem Vincent van Gogh für 50 Millionen versteijert wird - also, so viel kriegt me für ′nen echten Rubens sicher auch.

50 Millionen! Dem Pitterche is et janz schwindelich jeworden, janz blümerant vor de Augen, wie er sich der jroße Haufen Jeld vorjestellt hat, un von da an hat er auch wieder zujehört, wat der Papa ihm erzählt hat. Un da kamen se dann an dat Bild, dat “Anbetung der Magier” heißt, un der Papa hat jesagt: “Dat sin die heilijen drei Könije, die kennste ja. Die Knöchelche von denen, die liejen im Kölner Dom in dem joldenen Sarg hinter dem Altar.”

Un dat Pitterchen hat sich vor dat riesige Bild jestellt und sich alles janz jenau anjeguckt, und dann hatte sich erumjedreht un für der Papa jesagt: “Dat is wieder typisch Familie Neureich! In ′′nem Stall haben se jewohnt, nix Vernünftijes anzuziehen für der ärme Panz - aber für sich von dem Rubens malen ze lassen - dafür hatten se Jeld!!"

Kreppespell met Hebamm

Leev Junge un Mädche,

dat schönste an Weihnachte is et Kreppespell. De Kirch es fein parat jemaat, dat Krippche nevven dem Altar un die Kinderche in ihre schön Kostümche, dat es richtig feierlich, un do wird et einem janz wärm öm et Hätz. Ich mein, dat met dem Feierliche es immer dann eröm, wenn ming Ahl, wat dat Walli is, ze singe anfänk. Ich hale mir dann immer ming Jebettboch vür et Jeseech, dat me dat Lachen net esu sitt.

Un wie die Kinderche su schön am spelle sen und die Tant vom Kinderjaade in de Eck inne leis vürsäät, hüre ich op eemol von nevvenaan, wie einer stöhnt. Ich denke mir ze-iersch, esu schlemm is dat doch och widder net, wat die Pänz do verzappe, ävver dann sen ich, dat dat Jestöhn von ener Frau kütt, die do in en Reih hinger uns setz un sich de Bauch hält, un wat dat für ene Bauch es. Ming Ahl stüss mich aan un säät mir en et Uhr, dat hät die Madame von ihrem Fisternöll, un der Frembjänger, der ihr dat aanjedonn hät, setz doch tatsächlich am anderen End von de Kirch nevven singer Frau un deet, wie wenn nix jewess wör. Ich wollt wesse, woher ming Walli dat dann su jenau wöß, ävver die Wiever han jo irjendwie so ne Jeheimdienst, wo se sich övver all die Schlächtichkeite de Müüler zerrieße.

Die Pänz bovven am Altar sääten jrad e Jedich op, als die Madame hinger uns op eemol de Augen verdrieht un langsam vom Stohl rötsch. Jo, moß dann en Frau, die su huh en Ömständ es, noch en de Kirch jonn?

Also, wie die Frau op der Boddem rötsch, schreien all die Lück op. Der Pastuur bovven luurt blöd us de Wäsch un hät natürlich keen Ahnung, wat do ungen los es. Er pack sich dat Mikrofon von de Kanzel un määt janz laut: Schsch! Doch net met mingem Walli! Dat sprink op un dääť ene Brüll, dat die ärm Frau ne Dokter bruch. Er sollt janz schnell de Krankewage rofe. Dann schreit se eröm, ob net ene Dokter en de Kirch es, ävver et meld sich keene. Dafür is dä Frembjänger, der mir ming Ahl jezeich hät, janz grön em Jeseech jeworde, weil singe Fisternöll jetz so in Ömständ es. Ming Ahl övernohm dat Kommando, dat die Wiever der ärm Frau erövver an de Krepp helfe könnte, weil do jet Strüh loch, dat die Frau et winnichstens kommod hät. Ich kralle mir dat Walli un well wesse, op se en Idee hät, un do säät die doch tatsächlich, dat dat Kind jlich op de Welt kütt un mir die Frau net mih en et Krankehus bringe könnte. Ich sollt ihr en neu Zeidung un ene Schabau besorje. Ich han der Kopp jeschüddelt un jemeent, dat der suure Messwing et doch

och dääät, ävver ming Ahl wollt dat Zeuch, für sech de Fingere ze desinfiziere.

Ich konnt mir doch keene Schabau us de Rippe schlare. Der Pastuur es janz ruut em Jeseech jeworde un hät ene Schabau unger der Kanzel vürjehollt.

Ts, ts, dä hät de hillije Jeis in Flasche avjeföllt, dat is doch net ze jlöve.

Dann jeht et op eemol janz flöck. Ming Ahl is an de Krepp am brassele un plötzlich hüre me dat Jeknaatsch von jet Kleenem. Der Frembjänger hört dat Knaatsche och un hät et janz ielich, us de Kirch ze komme, ävver dann steht ming Ahl en de Düür un brüllt, ob de Vatter net ens nach singem Kindche senn will, un wie der Kääl affhaue will, da kritt se ihn am Fraaß un schleif ihn an de Altar. Ävver dat schönste is, dat die Frau von dem Frembjänger iersch jetz jeraaf hät, wat ihre Mann für ne Lomp es. Dat Jekeife von der könnt ihr üch jo vürstelle. Dat war janz un jar net heilich, wat die do vom Stapel jelosse hätt. E Jlöck, dat die Pänz vom Kreppespell schon us de Kirch wore. An der Krepp hätte singem Fisternöll nur kurz Joden Daach sare könne, dann hätte von singer Frau rechts und links e paar langs de Backe jekrich.

Do soll noch eener sare, in de Kerch deeten se einem nix Opräjendes mih bieten.

Wie me noh Huus jinge, han ich mingem Walli jesaat, se könnt doch eijentlich op Hebamm ömsattele un sich jet für de Haushaltskass dobei verdeene, un wenn se dann all Händ voll ze donn hätt, könnt ich mir ja och e Fisternöllche aanlache, ävver ming Ahl hät nur jesaat, dat se mir dann de letzte Ölung verpasse däät, u mingem Fisternöllche och.

Chresskindche met Dachschade

Leev Junge un Mädche,

als Pänz hatte mir vür dem Zinte Kloos un singem Hans Muff immer mächtig Schiß, denn die Rute wor fröher net nur Dekoration, un statt Jeschenke jab et ochens bloß dat Bötzje stramm jetrocke. Mir woren deshalb immer janz besonders brav oder, besser jesaat, mir han et versöök, ävver et hät net immer jeklapp. Bei uns en de Nohbarschaff jov et ne Bolzplatz, wo me Fußball spelle konnt. Un wat noch besser wor: Nevvenaan jov et ene Obsjaade, dat wor für uns dä Kläumanns Jaade. Beim Spelle hamme nämlich immer dä Fußball övver dä Zaun jeballert, sin erövver jeklomme un han uns dann en paar Äppel, Prumme oder Birre jekläut. Na ja, irjendwann hamme dann dem Buur, dem dä Jaade gehüürt, dä Ball an de Kopp geknallt, und späder, ze Huus, hamme mir se dann och jeknallt jekriech.

Vom Hervs aan heeß et dann immer: "Waat af, wenn de Zinte Kloos küüt, dann jitt et en Fahrt Reß." Dat wore keen schöne Aussichte. Nötze däät dat ävver nix. Natürlich semme wedder erin en de Kläumanns Jaade.

Dann kom ävver der Nikolausdaach, un do

schloch uns doch dat Hätz bes zom Hals. Ich konnt de janze Naach net schlofe, un am Morje ben ich dann janz schnell usem Huus, weil, wenn ich net do wor, dann däät der Zinte Kloos bestimmb widder jonn. Die janze Zick han ich ons Huus em Ooch jehale, ob hä kütt, ävver dann hät mich en Nohbarin us dem Parterre jesenn un jefroch, ob ich e Jlas Milch un en paar Plätzje han wollt. Klar wollt ich, und zodemm däät Zinte Kloos bestimmb net bei die jonn, weil die nämlich keen Pänz hatt.

Ich also erin in et Huus, un wie ich do setze un die Milch drenke, hüüre ich, wie de Huusdüür opjeht un dann schwere Trett op de Trepp. Un dann kom e "Hohoho!" un ich woß Bescheed un ben janz kleen jeworde op dem Sofa. Die Trett wurten immer leise, dann hüürt ich ons Düürschell lügge. Jetz däät de Mam dem Zinte Kloos verzälle, dat ich net do wör un er janz ömesons jekomme wör. Dann wor alles stell, un ich han mir e neu Plätzje en de Muul jedäut. Die schwer Stivveltrett wurten widder lauter, un ich han opjeatmet: Dat wor et, dat es noch ens jootjejange. Un dann lügg et an der Düür! Dat konnt doch nur einer sen. Ich han jebeddelt, dat die Nohbarin et doch schelle losse sollt, ävver die blöd Koh jing en de Flur un määt op. Un wie dann dä Zinte Kloos op eemol in de Düür stond, do woß ich, dat ming Mam der noh unge jescheck hat. Ich ben vür Angs huh wie en Kuggel us de Flint - ävver, die Nohbersch hatt övverm Sofa su ne röhrende Hirsch hänge jehatt, mit nem schwere Joldrahme, der wor bahl grüßer wie dat Bild selvs. Un wie ich huhspringe, stusse ich mir de Kopp an dem Rahme, dat ich nur noch de Engelche flöte jehüürt han. Dat Bild jeht en de Hüh, rötsch vom Hake, fällt noch vürre un mir jenau op de Kopp.

Dat nächste, wat ich weeß, is, dat ich em Krankehuus wachjeworde ben. Ze-iersch hat ich et nur jeroche, dä komische Krankehuusjeruch. Un wie ich de Augen opschlare, han ich direk in die Visasch von dem Zinte Kloos jeluurt. Ich jlööv, ming Jebrüll hät me op de janze Etasch jehüürt. Dabei wor dat jar net dä Zinte Kloos jewess, den ming Mam bestellt hat, sondern bloß ene Doktor, der Zinte Kloos für die andere Kinder jespellt hät.

Dat wor jedenfalls Weihnachte met Dachschade, denn ich hat en veritable Jehirnerschütterung. Dat Öljemälde met dem röhrende Hirsch wor übrijens och am Aa ..., also nimmih ze jebruche, un Weihnachte wor domet jeloofe. Jedenfalls hät dat Chresskindche in dem Johr irjendswie unser Huus verpaß un die schön Jeschenke widder metjenomme. Dat Hörnche han ich ävver hück noch am Kopp.

ZACK!

Luur ens, ene Pattevuggel

Advent, Advent, ein Lichtlein brennt! Und sons es et am rääne, der Wind pief durch de Stroße un et es jrad noch wärm jenoch, dat et net aanfänk ze schneie. Wie me su säät: Et es uselich! Un dann moß me och noch die Pänz, die sowieso wäjen Weihnachte janz iggelich sen, irjendwie op Trab hale. Wat e Jlöck, dat et do ne Weihnachtsmaat jitt, vür allem Sonndachs, wenn die andere Jeschäfte zo han. Do kamme die Pänz jet aflenke, un me kann och jet koofe jonn. Wenn dann noch joode Früünde us Hamburg zo Besoch komme, will me dat jemötliche Bonn en all dem weihnachtliche Jlanz von de schönste Sigge zeije. Versteht sich von selvs, dat me dann "hochdeutsch" bubbelt, wäjen dem Besuch, jrad weil die Famillich vom Land es, un me sich jo net blamiere will, denn sons sprechen die jo höchstens "hochdeutsch met Knubbele".

Vür allem denne Pänz hatten se enjebläut sich ze benemme un nur jo net Platt ze spreche, sons jöv et Ress, un so woren die ärch still hingen em Auto.

Övver die Fahrt jitt et nix ze verzälle, un en de Tiefjarasch joov et och ene Parkplatz, von dem se einijermaßen drüsch op de Münsterplatz koome. Die Äldere han versöök, ihr feinjemaate un ziemlich muzije Pänz e beßje opzemuntere, ävver dat klang ärch jequält, wenn se op dat eine oder andere jezeich han:

“Schau einmal dort, dies wunderschön bemalte Holzspielzeug.”

“Und jene kunstvoll geschnitzte Weihnachtspyramide.”

“Und seht einmal da hinten, die wundervoll gearbeiteten Kerzen!”

Et huurt sich an wie us enem schlechte Boch, un irjendwie konnt me dann doch widder der rheinische Tonfall erushüre, wodurch dat alles irjendwie komisch wor. Ävver denne Pänz wor net noh laache ze Mot, die hatten Angs, et jööv nix vom Chresskindche, un me konnt merke, dat se vell leever su jebubbelt hätte, wie inne de Muul jewaaße wor. Dat däät jo och keene Spaß mache, in all dem Rään un dem Wasser, dat von dem Paraplü un de Markise erafleef, erömzespaziere un dobei dreßnaß ze werde. Zom Jlöck hatten se dann all die Bude jesenn, un se woren ärch stell, wie se dann erövver zum Puppenkönig sen, öm sich do die neue Anlach mit der elektrische Iesebahn aanzeluure. Do jing dann dat Jedöns widder los met deutsch als ierschte Frembsproch, bis endlich der Jung jet jesenn hät, wat ihm wirklich Freud maache däät. Do riß hä sich von de Hand un brüllt em deftichste Platt: “Papa, Pap ... luur ens, dohinge, ene Pattevuggel!”

Dat kütt von der Maggelei

Leev Junge und Mädche,

noh dem Kreech hatten mir zwar de Nas voll von dem Jröhlfatz, ävver sons hatte mir nix mih. Dat Walli, wat ming anjetrautes Ehegespens is, die jing immer op de Schwatzmaat für Mehl, Zucker oder Botter ze tuusche, un dat nannt me: maggele. Ich mein, jot, dä Ami soh dat natürlich jar net jern, un wenn se eine erwisch han, dann heeß et: Prost Mahlzeit, dann han se eine in et de Blech jesteck. Et sei denn, me konnt se besteche, zum Beispiel met Schabau. Un mit mingem Walli hät me sich sowieso besser net anjeläch.

Ach, dat moß ich üch verzälle, die Sach mit dem Kinderwage:

Ich hatt dem Walli de Kinderwage umjebaut. Dat Kleen, unser Rita, war vielleech e Johr op de Welt, un dat Walli nohm et immer mit, wenn se op Maggeltour ging, zwecks Tarnung. Dä Kinderwage war su jruß wie ne Kübelwage, e Riesendinge mit Ieserädere, breet wie e Dubbelbett, un ich hatt en su ömjebaut, dat me der janze Krom ungerm Plümmo verstecke konnt. Dat Rita wor ne richije Schreihals, un irjendwann hat ming Ahl erusjekrich, dat

dat Kleen op Kommando losplärre konnt, wenn me et in de dicke Zih jepetsch hät. Dat wor janz praktisch, wenn die Gi´s kome für ze kontrolliere. Dann konnt dat Walli eenfach mit der Hand unger dat Plümmo lange un in dä Zih petsche, un wenn dat Rita iersch ens esu richtich am brülle wor, dann jing keene mih freiwillig an der Kinderwage.

Also, et war im Winter un hatt örndlich jeschneit, net nur so e paar Fusele wie hügg. Dat Walli war ungerwegs un hatt reichlich jetank, also Krom im Kinderwage. Ich mein, dat mit dem jetank konnt me natürlich och anders verstonn. In de Nohbarschaff wor ener, dat hatte ene ahle Wasserbeuler ömjebaut un konnt jetzt Fusel brenne, quasi su en Art Knollebrändi us dä Badebütt. Jot, der Schabau brannt einem Löcher in de Butz und hät wie Seif jeschmeck, ävver me konnt ihn prima op em Schwatzmaat tuusche. Dat Walli jing entweder in de Kasernenstroß oder in de Gronau, wo se der Schnaps an die Amis verklopp hät, die woren janz scharf op dat Feuerwasser. Am Römerplatz, wat hügg der Remigiusplatz is - ach, Sie wissen net, warum der hück Remigiusplatz heeß? Dann hören Se ens zo: He stand fröher en Kirch, die Remigiuskirch. In die is dann vür 200 Johr de Blitz einjeschlage, un do hät me se affjerisse un eenfach die Kirch in der Brüderjass ömjedööf. Un deshalb is dat jetz de Remigiuskirch, och wenn se in de Brüdergass litt.

Wo woren me stonnjeblivve? Ach so. Also, dat

Walli jing övver de Remigiusplatz, un promp komen do zwei Gi´s öm de Eck un woren lauthals am klaafe, wat sich so aanhüüre däät, wie wenn se heeße Kieselsteen in de Muul hätte. Ming Ahl also flöck dem Rita in de Zih gekniffe, un dat Kleen brüllt los wie von der Aap jebesse. Bloß: Op dem Dach an dem Haus, wo die stonde, da log jede Menge Schnee, un wie dat Rita losbrüllt, da jing huh ovven dat Lawinche los, kom in Fahrt und donnerte direktemang in dä Kinderwage. Fastelovend zesamme! Ich mein, dat Rita war natürlich direk still. Dat wor net nur still, dat wor och fott und nimih zu senn. Und dat Walli däät ene Brüll, dat denne Gi´s de Ohre fottjefloge sin. Ming Ahl fing an ze jrave. Ävver dann wollten die Amis och jrave, un dat wollt dat Walli ävver net. Un se brüllt und däät, wie wenn die Amis et unsittlich berühre wollte, un die ärme Kerls woren esu verschreck, dat se iersch ens avjetrocke sen. Dann wor jo och dat Rita wieder an de Luft un fing direk an ze kriesche. Un einer von der Amis, ene Schwatze, der nohm doch tatsächlich jet Scholädche erus und däut dat dem Rita in de Schnüss. Ich mein, wie dat ärme Kind der schwatze Mann jesehen hät, do hät et dem sowieso de Stimm verschlage. Na ja, irgendwann wor der Kinderwagen dann us dem Schnee erus, und da Walli hatt et jetz furchtbar ielig. Se wor jrad an der Eck vom Blömer, jot, dat war nur noch en Ruin und keen schön Kaufhaus mehr wie fröher, un wie dat Walli

öm de Eck beeje will, da reef einer von denne Amis: “Stop!” un kom hingerher. Un do sitt dat Walli, dat der Kerl, der Schwatze, en Packung Zucker in de Hand hät. Die moot us dem Kinderwage erusjefallen sin. Schad, dat blöde Jesich von mingem Ehejespenst hätt ich jern jesenn, wie der Schwatze ihr dä Zucker in de Hand drückt, mem Auge kniept und meint: “Have a merry Christmas” oder esu. Un fott woren se, wie de Kugel us der Flint.

Wie dat Walli noh Huus kom, hatte se et ze-iersch emol janz ielig jehatt, weil ihr nämlich ein Malör passiert wor, oder, öm et janz klor zu sagen: Se hatt sich vor Angst en de Botz jemaat. Und och dem Rita war leider e Malörche passiert, un dat hamme och noch Weihnachte jemerk, weil nämlich die Plätzje, die dat Walli jebacke hät, ene merkwürdije, unanjenehme Beijeschmack hatten. Ävver besser Beijeschmack wie en de Blech. Bei der nächste Maggeltour kom dat Kleen jedenfalls op e Jummidoch, wejen dem Beijeschmack.

Also, leev Junge und Mädche: Have a merry Christmas.

Ierschte Hilf für de Chressboom

Leev Junge und Mädche,

eijentlich is dat met dem Chressboom jo richtije Quatsch. Heiligovend rennt me sich de Hacken aff noh so nem Dinge, dann steht er drei Daach in dä Buud un stink, un dann schmiess die Frau dat Teil op de Müll. Ich han jesaat: eijentlich, denn ming Ahl, wat dat Walli is, die is jo total beklopp op Weihnachte un hätt am leevste dat janze Johr ne Chressboom in de Wonnung stonn. Ävver koofe muß ich dat Dinge, dofür is sich de Madame ze fein. Üvverhaupt, wat die Bööm hück koste! Moß dat dann sen? Der wierd der doch sowieso zojehäng met Chressboomschmuck. Nur eimol hät ming Ahl de Boom jekoof und brenge losse, dät wor vielleech ene Zortier. Dä Chressboomverkööfer wor ne richtije Verbrecher. Dä hät de Boom affjelade, is huh in et Wonnzemmer, hät de Boom en de Eck geschmisse un is schnell avjehaue, un als dat Walli dä Boom us em Sack jewickelt hät, is dat en richtije hutzelije Kröppelkiefer jewess. Do draan hätt net emol ne Hund et Bein jehovve. Janz traurig leße de Äss hänge un däät nadele, wie wenne ad e paar Mond kee Wasser mih jekritt hätt.

Ming Ahl hät de Zänn zesemmejebisse un die

Leich en de Ständer jeklemmp, ävver dä Boom soch us, wie wenne us de Jeisterbahn köm.

Dann stonte mir zwei vür dem Boom, un ich däät mir jet grinse wejen der Blamasch von minger Ahl. Un jedes Mol, wenn eener de Pooz opjemat hät, däät et nadele und riesele. Ich säät für ming Walli, mir mööt jet Spüli in et Wasser donn, dat würd richtich durchspöle, un de Nadele dääten dann wieder besser hale. Doch ming Ahl wollt davon nix wisse und hät mich en de Apothek jeschick, dat ich e Fläschje Glyzerin hole däät. Dann kom en Nohbersch un hät jemeent, me sollte jet Schabau en et Wasser donn. Ich han mir jedach, dat wör en prima Idee, un ich mööt doch ze-iersch ens probiere, ob der Schabau net schläch jeworde wör.

Ävver, dat Walli hät die Idee net esu joot jefunge, und eh dat se mir ene tachtele konnt, ben ich usem Huus und en de Apothek. Der Heini von Apotheker jov mir ne andere Tip un hät jemeent, dat Beste wör Hoorspray, dat dääd de Nadele richtig festklevve.

Also ben ich en de Drogerie, für Hoorspray ze koofe.

Ze Huus wor dat Wonnzemmer janz voll Lück, un jeder hät en andere Idee für der Boom jehatt. Me sollt en et Wasser pinkele, säät der ene, der andere wollt Hoorwasser nemme un widder ne andere Tapetenkleister.

Ich nohm dat Hoorspray un han dem Boom en

ordentliche Ladung jejovve, dat me all keen Luft mih jekritt han, un et im Wonnzemmer stonk wie beim Frisör öm de Eck. Dat Walli riß de Finstere op, bis ener säät, dat dä Boom keene Zoch krieje dürft. Also de Finstere wieder zoo. Ich han jespröht un jesprüht, bes de Dos leer wor und et em Wonnzemmer ussah wie op ene Hochalm em Nevvel. Mir also all eruss und en de Köch. Wie me so beim Kaffee soße, der och irjendwie noh Frisör jeschmeckt hät, frochten ich dat Walli, ob se an dem Boom eijentlich de Stamm anjeschnidde hätt, weil sons jar kee Wasser erin könnt. Un ming Ehejespons säät natürlich nä, dat wör jo schleßlich ming Aufjab jewess. Also sin me widder in et Wonnzemmer, iersch de Finstere op, un dann hät ming Ahl dä Boom usem Ständer jefummelt un ömjedrieht. Un se dääť säje und säje met der ahl Holzsäsch an dem nasse Stamm eröm, stüß jäje dä Chressboomständer, un dat janze Wasser kipp op de schöne Perser. Se deet enen Bröll, löß dä Boom falle und versöck, dat Wasser opzewische. Ich krijje dä Boom in et Kreuz und han die janze klävvrije Nadele en de Klamotte stecke.

Wat soll ich sare: Dat hät man davon, wenn die Ahl de Boom koofe jeht. Von dem düüre Hoorspray un dem Jlyzerin hätte me ad zwei neue Bööm koofe könne. Mir han dat dress Dinge dann dorch et Finster in de Hoff jeschmisse, dann ben ich loss, und weil me keene Boom mih koofe konnt un all Jeschäfte ad zo hatte, han ich ene janz besondere Boom besorch. Jot, der war - pst, net verrode - von der Oma von dem Walli, also ich meen, vom Jrab von der Oma vom Walli. Jo, die bruch den doch suwies net mih, un noh Weihnachte hamme der Oma dann op em Jrab e neu Tännche jeplanz, weil, et könnt doch sen, dat me noch ens ene billije Boom bruche kurz vür em Chresskindche.

Der Weihnachtskuchen

Unterschiedliche Auffassungen über das Ausmaß der Körperfülle prägten auch ein anderes Weihnachtsfest. Unter den Gästen war diesmal der Schwiegervater einer Tante, ein ansonsten eher seltener Gast, aber nun, da er seit kurzem verwitwet war, mit offenen Armen aufgenommen, wie es die Art meiner Großmutter war. Er war schon um die 80 Jahre alt, aber immer noch von kräftiger Statur. In jungen Jahren war er ein erfolgreicher Kraftsportler gewesen und pflegte bei passenden Gelegenheiten gern die Auszeichnungen und Medaillen zu präsentieren, die er zu Beginn des Jahrhunderts errungen hatte. Danach hatte er als Handwerker stets hart gearbeitet, und seine Nahrungsaufnahme war dem einen wie dem anderen angemessen gewesen, soweit es die Umstände zuließen.

Nach dem Krieg hatte also auch er einiges nachgeholt und - da er nun nicht mehr arbeitete, dementsprechend zugelegt. Daraus hatten sich gesundheitliche Probleme ergeben, doch sowohl der erhöhte Blutdruck als auch die Zuckerwerte bewegten sich in den Bereichen, die, gemessen an seinem Alter, nicht wirklich bedenklich waren und bei vernünftiger Lebensweise nicht einmal den Einsatz von Medikamenten notwendig machten.

Bei vernünftiger Lebensweise!

Darin lag das Problem. Denn mochte der alte Herr auch bei der alltäglichen Ernährung bereit sein, auf allzuviel Fleisch und Süßes zu verzichten, an hohen Festtagen und wenn es so gut schmeckte wie bei meiner Großmutter, hielt er sich dafür schadlos, denn Diät war für ihn wie für die meisten Rheinländer ein Fremdwort.

So hatte er schon beim Mittagessen herzhaft zugegriffen und bei der köstlichen Suppe gar kategorisch Nachschlag gefordert. Die Pause bis zum Kaffeetrinken hatte er mit nicht wenigen Plätzchen überbrückt, und jetzt hatte er dem ohnehin schon sehr starken Kaffee mit viel Zucker die rechte Würze verliehen.

Nun lud er sich bereits das dritte Stück Kuchen auf den Teller - sehr zur Freude meiner Großmutter, die nichts lieber sah, als wenn es jemandem bei ihr so richtig gut schmeckte. Meine Tante allerdings befürchtete durchaus zu Recht gesundheitliche Folgen und versuchte, zur Mäßigung zu raten.

“Vater, et is dir ja jejönnt, aber eß doch net soviel Kuchen. Denk doch an deine Zucker!”

Der alte Herr lächelte freundlich und ließ sich ansonsten nicht beirren. Mit seiner Antwort bewies er nicht nur erstaunliche Kenntnisse über die Produktion eines nur scheinbar leichten Biskuitteigs, der, ähnlich wie beim Soufflé, mit vielen Eiern so locker gemacht wird, nein, er kannte anscheinend auch die Bedeutung dieses französischen Begriffs, der von “souffler” = blasen abgeleitet ist. Und er war offenbar der Meinung, daß etwas so Federleichtes unmöglich schaden könne. So verblüffte seine Antwort nicht nur die Schwiegertochter, sondern uns alle: “Jredel, ich weeß ja net, wat de häs: Dat es doch Luffjebäck!”

Dä menschliche Noßknacker

Leev Junge un Mädche,

Nöß sin jood für de Jesundheit, säät me. Wenijer jood sen se für de Fijur, dat soch me minger Schwester, dem Drück, aan. Die froß die Nöß nämlich wie ander Lück et Bruud und wor en richtije Trom. Mir konnt dat an un für sich ejal sen, ävver dat Walli, wat ming Ahl is, dat hät sich immer opjeräch, dat sich dat Drück, wenn et bei uns ze Weihnachte wor, övver de Teller met de Sössigkeite herjemaat un all die Nöß verkamesölt hät. Ich han minger Ahl jesaat, se sollt dat Drück doch losse, dat wollt ja nur mit singe neu Zänn aanjevve. Dat Drück hatt nämlich ne Zahnarzt jehierot, un der hät ihr dann e neu Jebiß verpaß. Wat sage ich Jebiß? Mit dä Zänn hätt dat Drück jlatt en Iesekett dörchbieße könne. Un dat wor et och, wat minger Ahl su op de Nerve jing: Dat Drück däät die Nöß nämlich met de Zänn knacke, dat de Splittere em janze Zemmer erömjeflore sen. Ich kroch immer en Jänsehaut, wenn ich dat Krache jehüürt han, janz esu, als dääten se einem de Knoche brechen. Wie dat Drück die neu Zänn en de Muul hatt, hät et sich von dem Zahnarzt scheide losse. Un dofür moß der ärme Mann jetzt och noch Ungerhalt bleche.

Dann ävver hät dat Walli en Idee jehatt, un am Wochenend sen mir dann an de Rhing spaziere jejange, janz jemütlich, su direk am Wasser dorch de Kies. Av un aan hät sich dat Walli jeböck, ne Stein jenomme, jeluurt, ob er paß un ihn einjestoche.

Zehuus wurten de Pänz erusjeschmesse, un dann wurd jebastelt. Dat Walli hät die Walnöß met de Rohrsäch opjesäch, de Stein erinjefummelt un die Nöß widder met Pattex zojeklevv.

De Famillich kom immer am ierschte Chressdaach. Met all denne Onkels un Tante wurd et sowieso eng, ävver dann kom ming Schwester erinjewalzt, un et wor esu eng wie en de Ömkleidekabin vom C & A. Dann wurd jespachtelt, als hätt die Bajasch e Johr lang nix ze fresse jekrich. Un trotzdem hät et net lang jeduurt, un dat Drück hatt de Nöß jefunge un fing an, se wie e Eichhörnche ze knacke. Mir hatten dat Drück en de Eck bugsiert un us de Wonnzemmerlamp en Biir erusjedrieht, dat et net esu hell wor un dat Drück die jeklevvte Nöß net entdeckt. Bovven op däm Teller met der Sössigkeite logen e paar echte Nöß, dodrunger woren die Nöß vom Walli.

"Drück", sagen ich, öm ming Schwester ze trietze, "ich wette, du kanns mit dinge Stahlzänn net 10 Nöß hingerenander opbieße. Ävver wenn de dat schaffs, dann kreste von mir en Flasch Parfüm." Ich woß, dat dat Drück kniestich wie en Aap wor, trotz dem velle Jeld, wat die von dem Zahnarzt affjezock hät.

KNA
CK!!

Also, wat soll ich sage, dat Drück hät die Wett jewonne. Ich mein, se wor donoch irjendwie jet am lispele, weil die Stahlzänn ne Sprung jekräje han von der Steen, ävver dat hät die wahrscheinlich iersch jemerk, wie se sich zehuus em Spejel beluurt hät.

Leider hat die Idee met de Steennöß ävver noch en Nohspell jehatt. De Pänz wollte nämlich och Nöß knacke, un weil der ahle Noßknacker kapott wor, han se ne Hammer jenomme. Un wie se su op de Nöß erömkloppe, deet dat Walli op eemol ne Brüll, weil sie een von de Steennöß erwischt han. Die Noß flog wie su ne Querschläger durch et Wonnzemmer un direk en de Finsterschief, wat die natürlich net övverlevv hät. Dat Walli hätt am leevste jeschannt, ävver se durf jo nix sage, weil sons dat Drück jet jemerk hätt.

Dat kütt eben von su blöde Enfäll.

Dat Weihnachtskonzert

Leev Junge un Mädche,

op Weihnachte wird jesunge. Zehuus un en de Kirch, un de Kirchenchor freut sich et janze Johr op singe Optrett. Jeder Kirchenchor bruch och ene Leiter, un der moß der janze Laden irjendwie zesammenhale.

Unsere Kirchenchor hatt och esu ne Leiter. Jot, der wor ad jet älder, däät nimmih su jot hüüre, un senn konnte och nimmih richtich. Ävver se han en all jään jehatt bei uns. Winnijer jään hatt ihn der neue, junge Pastuur, der konnt kom e Woort deutsch, rheinisch schon ja net, ävver er stoch övverall sing Nas drin. Mit dem Pastuur kom der Ärjer, denn der Kääl wollt alles anders maache. Jespellt wurte en der Mess jetzt Leeder, die keine kannt un keine metsinge konnt. Statt Orjelspell jov et Popmusik. Zwei Typen mit enem elektrische Klavier, och Kibord jenannt - froch mich jo net, wie me dat schriiv -, und mit ner Jitarr schrubbten vür sich hin, dat einem de Uhre wihdääten. Mir hatten ad su´n Vürahnung, dat et och met unserem schöne Chressdaachskonzert nimmih jot ussoch. Einen Ovend koom der Pastuur met nem jungen Mann, wie mir jrad am probe wore un meent, dat wär der neue Chorleiter. Wär jo schön jewess, wenne unserem ahle winnichstens vürher ad ens jet jedäut hätt, ävver der fell jetzt natürlich us all Wolke, weile von Nix woß. Der neue Chorleiter kom jrad fresch von de Musikhochschull un moot uns ze-ierschens bewiese, watte drop hatt. Dann kam dat Jemeine: Er leeß jede vürsinge. Ich mein, jot, wemme all zesamme singe, dann kling et irjendswie, ävver jeder einzeln wor ad ärch schwach op de Bross. Et kom wie et komme moot. E paar von uns ahle Dame un Häre mooten direk jonn. Da flossen schon e paar Tränche. Dann jing et öm et Projramm. Mir han dem neue Leiter verzällt, dat mir immer Weihnachtsleeder in der Chressmett singe. Dat wor bei ons en de Jemeinde su Tradition. Doch der junge Kääl säät janz flott, datte met Tradition jar nix am Höttche hät. Mit der ahle Weihnachtsleeder wör et jetz ze End. Die Chressmett würd ömjekrempelt, do mööt fresche Wend erin. E paar han sich jetraut ze sage, dat mir jar keine fresche Wend han wollte un eijentlich janz zefridde wöre, wie et fröher jemaat wurd. Hätten se doch de Muul jehale, denn die durften och jlich de Sache packe. Der junge Spunt meint, in demm Chor wör e janz schläch Betriebsklima, un e paar von denne Ahle hätten offenbar e Autoritätsproblem. Na, do wore me iersch ens bedeent.

Dann hamme Jospels jeprob, un met jeder Prob wurd der ahle Chor kleener, bes et kurz vür Weihnachte keene Chor mih joov. Dofür songe jetz e paar Studente, un die songe natürlich net für ömesöns, ävver dat hamme iersch späder erusjekrich. Kurz un jot, et wor ärch am rumore en de Jemeinde, un all waren se onzefredde.

Dann kom die Chressmett. Natürlich fing et met Humtata von dä Bänd an, eh dat der Jospelchor bovven von der Empor enjesetz hät.

Mir soßen in eener Reih, der ahle Orjanist links nevven mir, der ahle Chorleiter rechts nevven minger Ahl, un alle zwei woren mit de Zänn am knirsche, dat et einem kalt de Rögge eravvleef.

Ming Ahl hatt e paar Tag vürher zo nem - wie säät me? - konspirativen Treffe bei ons ze Huus enjelade un die Aktion: “Rettet de rheinische Chressmett” us der Dööf jehovve. Un dat wurd jetzt och jedonn:

Medden in dem Jopeljesinge wurd et erns. Plötzlich stond der janze Kirchenchor met Mann und Muus auf, och die Ehespenster un de Kinder, un alle fingen an, jejen den Jospelchor anzesinge: “Jroßer Jott, wir loben dich”. Et klong ziemlich donevve. Die jung Studentche bovven op der Empor dääten iersch ens stutze, dann hät sich der neue Chorleiter draanjemaat, dat se jet lauter bröl-le. Ävver net mit minger Walli. Die övernahm jetz ungen dat Kommando un fing an ze dirigiere, un die janze Jemeinde hätt jejen der Jospelchor anjesunge. Et war de reinste Sängerkreech. Irjendwann hät sich der ahle Orjanist verkrümelt, un et hät net lang jeduurt, da hatte sing Orjel anjeworfe un uns ungerstütz.

Der neue Pastuur hät schnell jemerk, wat do los wor. Der is flöck zum Mikrofon un hät erinjebröllt, dat wör e Joddeshuus un keen Kirmesbuud. Jehüürt hätt ze-iersch emol keiner op der. Irjendwann wore me fertig, von bovven kam och keene Ton mih. Der Pastuur wor völlig von der Roll övver suvell Unbotmäßigkeit. Er hät sich irjendjett zurechtjestammelt, un eh datte noch mih von singem Futzverzäll loswerde konnt, hamme enfach dat nächste Lied anjestimmt.

Et wor übrijens dat ierschte un einzije Konzert von dem neue Jospelchor. Der wor noh Weihnachten fott un wurd nimmih jehuurt un jesenn, un met ihm der neue Chorleiter. Och der Pastuur hät sich versetze losse, ävver eens hätte er bei singem Jaßspell jeliert: Rheinländer soll me net op de Stätz tredde, schon jar net ze Weihnachte.

Donn net esu vill Botter an de Teig

Leev Junge un Mädche,

dat Walli, ming Ehejespens, is en richtije Zang. Mich det se dat janze Johr övver trieze, ävver wenn ihre Broder kütt, der Herr Konditormeister ade, dann fleje de Tasse, un me kann nur noch in Dekkung jonn.

Woröm, wollt ihr wesse? Na, dann verzälle ich üch jetz dat Histörche vom Riesenplätzche.

Also, dat wor esu. Der Herr Konditormeister ade, der heß eijentlich Fritz, wor ne fiese Möpp, ävver dat Walli hät jemeent, mir könnten dem doch helfe, weil, dem sing Frau wor durchjebrannt, un do wör er doch Weihnachte jetz esu alleen, und dann könnte doch mit uns fieere. Ich wollt dat net, ävver bei mingem Walli is ja keen durchkommen. Also, der fiese Kerl kom un hät jlich drei Koffere metjebraat. Ich han en gefroch, wat dat dann soll, un do packt der us singem Koffer dat Handwerkszeuch us un määt us unserer Köch en richtije Backstuff. Bloß, do hät der net mem Walli jerechnet, denn ming Ahl lätt sich doch net de Botter vom Brut nemme. In der Köch hät die dat Sare. Ich hat et jo komme sen, de Fetze sen jeflore, un se woren sich wejen der Rezepte von denne driss Plätzje nur am anschreie. Ich han et noch jenau em Uhr: “Don net esu vill Botter an de Teich, der hält net!” hät der fiese Fritz jemeckert, un dat Walli hät zurückjekeift:

“Dat is ming Küch, du ahle Knallkopp, ich nemme sovill Botter, wie et mir paß.”

Un der Fritz, der wollt dem doch tatsächlich de Botterdos fottnemme, ävver dat Walli, net fuul, hät sich die Teichroll jeschnapp un is op dä Fritz los un hät en bahl op der Dätz jehaue. Ävver nur bahl. Se hät nämlich net jetroffe un bloß en Kitsch en de Wand jehaue, dat der Putz eröm und in der Teich jefloge es. Su jing dat der janzen, heilijen Daach. Op eemol wor dat Walli janz ruhich, un ich krät ad ene Schreck, dat der Fritz ihr vielleech jet anjedonn hät, weil, esu still kannt ich dat jar net, un luure en de Küch. Dat Walli wor sich jrad vür dem Ovve am böcke, däät op eemol ene Brüll, riss die Klapp op - die von dem Ovve, net die eijene - un hät dat Blech erussjetrocken, wobei et sich fies de Flosse verbrannt hät. Se hät dem Fritz dat Blech vor de Buch jedäut, der verbrennt sich och, un dat Blech klatscht op de Boddem. Un do senn ich, dat do keen kleen Plätzje drop sen, wie me hät denke solle, sondern nur e riesenjruß Plätzje, weil der Teig esu useinander jejange wor. Dat Walli war am kriesche, der Fritz am brülle, un dann han se sich och noch de Nüss an de Kopp jeschmisse un ich ben stiftejejange, weil mir dat wejen der Tieffliejer zu jefährlich wurd.

Des naachs loch dat Walli nevven mir em Bett un dät schnarche. Net schön, ävver laut. Doch dat Jesäge war mir immer noch leever wie die Keiferei dä janze Ovend. Ich wollt mich jrad widder op de Sick driehe, do han ich jet jehüürt, un wie ich in de Köch luure, do senn ich der ahle Fritz, dä Konditormeister ade, mem wieße Hot om Kopp, wie der Plätzje am backen wor, un dat medden en der Nach. Also, der wor am rühre un am menge un dät am End die Plätzje en de Ovven däue. Jetz küt̹t et: Er däät ene Reß Teich us der Schüssel probiere un fung op eemol an ze wörje. Ich daach schon, hät der sich verschlecks? Ävver dann luurt der die Zuckerdos esu komisch an, däät mem Finger probiere un speit jlich widder us. Hät ming Ahl, dat falsche Biest, doch en de Zuckerdos dat Salz jedonn. Wie wenn se et jeahnt hät, dat der fiese Fritz en Naachschich einläje wollt. Jot, eijentlich dät ich dem Fritz dä Streich jo jönne, ävver dann han ich mir jedach, dat mir dat Walli net esu davonkumme lasse sollt. Also bin ich en de Köch, han dä Fritz iersch örndlich verschreck un ihm dann jeholfe, die Salzplätzje fottzschmieße un neue ze backen. Ävver en paar von dä Salzplätzje däät ich mir op de Sick läje, als Överraschung für dat Walli.

Am nächste Morje hät dat Walli dann so blödes Grinsen en de Visasch jehatt, wie ich mich an de Fröhstöcksdesch setze well. Die Plätzje, die mir jebacke hatten, loren fein parat jemaat en de Dos op em Tisch. Wie der Fritz kom, meint se janz zuckersößß, dat wör ja en Övverraschung, se hätt bahl jejlöv, de Heinzelmännche hätten die neu Plätzje jebacke.

Der Fritz säät nix un wollt nur en Tass Kaffee. Un dann senn ich, wie ming Ahl sich die Salzdos schnapp, für sich Zucker zu nemme. Ich han dem Fritz ne Däu jejovven, un der hät jejrins. Wat soll ich sare? Dat Walli nohm sich ne örndliche Schluck von dem Salzkaffee, weil, mir hatten jo in der Nacht dä Zucker wieder us der Salzdos in de Zuckerdos jedonn. Und dat Walli is am hoste un sitt, wie mir zwei so janz lässich uns Plätzje verschnabuliere. Un se kann et jar net jlöve un nimmb sich selvs eent un erwischt, wat e Jlöck, eent von dä Salzplätzje, die ich ihr ungerjepfusch hat, un jetzt dääät se ne Brüll un meint, dat dääät se uns nie verzeihe.

Aber dat wor ejal, Hauptsach, mir hatten unser Späßje.

Übrijens, von dem Daach aan hät nur noch der Konditormeister ade de Plätzje jebacke, un dat Walli hat in der Zick Küchenverbot. Wenn mir jetz doch bloß noch jet enfalle dääät, dat die auch Redeverbot kritt, dat wör schön ....

Dat Luffjewehr

Leev Junge un Mädche,

met de Jeschenke hät me jo nix wie Brassel. Ich han dat Jeföhl, die Pänz denke, dat mir en Bank ausraube, öm de janze Plunder irjendwie ze bezahle. Oder dat mir dat Jeld jlich selvs em Keller drucke. Dat Schlimmste ävver sen die Jeschenke, die me net schenken well, och wenn se jar net düür sen.

So öm Nikolaus han mir de Wunschlist von de Pänz jekrich, un domols, et wor kurz noh dem Kreech, wollt der Kleen doch tatsächlich e Luffjewehr. Do wor me froh, dat dä janze Schlamassel mit dem Gröhlfatz eröm wor, un der Panz wollt e Jewehr han. Ich wär jo bahl vom Jlaube avjefalle. Ich mein, jot, die Pänz han domols op de Stroß noch Räuber un Gendarm jespellt oder Cowboy un Indianer. Und jeballert han se dann met de Holzknöppele. Ävver dann hät der Bengel irjendwo e Luffjewehr jesenn. Dat Walli, wat ming Ahl is, die hät natürlich jeschannt un ihm janz klipp un klor verzällt, datte sich su ne Quatsch usem Kopp schlage könnt. Wat kom? Der Panz hät Daach un Naach jeknaatscht. Dann wille jar nix ze Weihnachte, un övverhaupt, an dat Chresskindche jlöv he doch suwiesu nimmih, un mir wören bloß ze kniestisch un dääten ihn janimmih jään han. Ich konnt et bahl nimmih hüüre un han minger Ahl jesaat, mir koofe dä driss Scheeßprüjel, dat endlich widder Ruh es. Ävver net mit mingem Walli. Die hät sich vür mich hinjestellt, de Ärm en de Hüfte jestemmb un dä Kopp jeschüttelt. Wie ich dat verantworde könnt, wo et em Kreech doch esu schlemm jewess wör, ävver ich hät mich jo suwiesu net öm de Pänz jekümmert. Alles hät se alleen maache mösse. Ich hätt ihr am leevste jet en de Kaffee jedonn, ävver wenn die Schlabberschnüss von dem Walli einmal en Jang wor, dann half eijentlich nur noch ene Hau met de Pann.

Also hät dat Kind jet pädagogisch Wertvolles zum Chresskindche jekrich.

Wie dann Bescherung wor, soß der Bengel en singem Zemmer un wollt ja net komme. Er krööch jo suwiesu net sing Luffjewehr, dann wör ihm dat janze Weihnachtsjedöns drissejal. Ming Ahl hät sich dat ze-iersch anjehüürt, dann hät se ihn am Ärm jetrocke un janz liebevoll in et Wonnzemmer jeschleeft. Ungerm Boom loch natürlich nix, wat irjendwie noh Luffjewehr ussah, un dat Jeseech von dem Panz wurd immer länger. Dann hät dat Walli ne jruße Karton hingerm Sofa erusjehollt, ne janz jruße Karton, un auch die Äujelche von dem Jung wurten janz jruß. Wat wor drin: Natürlich kee Luffjewehr, sondern en Dampfmaschin. Janz ehrlich: ich wor ad neidisch, denn su ne schöne Apparat hatt ich mir als Panz och emmer jewönsch oder en elektrische Iesebahn. Ävver domols hatten ming Eldere kee Jeld für su ne düüre Krom.

Mir han die Maschin dann jlich op em Wonnzemmerdesch opjebaut, met de winzije Werkzeuje und de Transmissionen, alles schön us Metall un bunt aanjemolt. Schnell Wasser en de Kessel, Spiritus en de Brenner und schon fing et an ze zische. Irjendwo en dem Plunder unger dem Jeschenkpapier jav et bestimmb en Bedienungsanleitung, ävver dat hier wor en Männerspellzeuch, da bruch me doch sujet net - han ich jedach. Dat Walli, wat die Dampfmaschin usjesök hät, war ad janz hibbelig, bloß dä Panz wor am motze, dat Dinge wär doch langweilig.

Et hät zwar jebrodelt un jezisch, ävver jedrieht hät sich nix. Dat Walli hät hee un do hinjetipp, sich prompt de Pfoten verbrannt und jemeent, da möt Öl dran. Als ob die Wiever mih Ahnung von Technik hätte wie mir Männer! Öl hatte me keent, also bin eropp bei der Hubbäät, un weil der die janze Beschererei och ad leid wor, ist der met eravv, öm die Dampfmaschin en Jang ze setze, watte er ävver dann och net jeschaff hät.

Jo, wat soll ich sage, bahl soße me ze dritt, dann ze viert un brasselten an dem Dinge eröm. Dat Walli wor längs loofejejange un met de andere Wiever Eierlikör am drenke, die Pänz spellten met dem neuen Kaning vom Nohbar - tja, un mir Männer han uns met der Dampfmaschin amüseet, die dann doch irjendwann loofe däät. Et wor dat friedlichste Chressdachsfess sick langem.

Ach so, wat dat Luffjewehr betrefft: Dat hät der Panz dann jottseidank verjesse un wollt dann leever och su e Kaning han. Dat hätte er dann och jekrich, un beim nöchste Weihnachtsfess job et dann statt Jänsekeule dä Stallhaas.

Dat fein Lametta

Leev Junge un Mädche,

weßt ihr, wat Lametta is? Richtig, dat Gestrüpp im Chressboom. Un wodruss es dat Zeuch? Jetzt saat net, Plastik. Jot, hück wird et dodruss jemaat. Un wemme dat Plastiklametta in de Boom schmieß, rötsch et dörch bes zom Boddem. Nä! Richtijes, jotes, altes Lametta is eijentlich us Zinn un richtich schwer. Bloß kritt me dat Zeuch koom noch. Övverhaup: Wemme hück op de Weihnachtsmaat jeht, kritt me alles, bloß nix für de Chressboom.

Et fing e paar Woche vor Weihnachte an. Dat Walli, wat ming Ahl is, hatt ad de Chressboomschmuck usem Keller gehollt, de Kuggele jebotz un de Lämpchen jeflick. Bloß dat Lametta wor irjendwie fott. Ming Ahl hät jesöök un jesöök un sojar de Nohbarschaff em Ooch jehatt, se hätten ihr dat Lametta jekläut. Ich han jesaat, dat wör doch Quatsch. Wahrscheinlich hätte me et janz us Versehen fottgeschmisse. Ming Ahl wor kuurz dovür, de Bejoovung ze krijje, denn ne Weihnachtsboom ohne Lametta? En Kadastroph!

Dabei wor ich eijentlich janz fruh, dat dat Zeuch fott wor, weil me dann von dem Boom winnichstens jet senn kann. Dat Walli pack sonst nämlich immer sovell von dem Zeuch en de Boom, dat me övverhaup keen jrön Nadele mih senn kann. Ävver weil ming Ahl nur am lamentiere wor, han ich jesaat: Jot, mir jonn op de Weihnachtsmaat un koofe neu Lametta. Su düür es dat jo net - komme me övver de Hond, kommeme och övver de Stätz.

Ich hätt et besser wesse solle, denn noch schlimmer wie der Weihnachtstick von minger Ahl is dä Jlöhwingduursch. Wenn die dat söße Jesöff nur rüch, dann wird se janz radderdoll. Irjendswie hät die en enjebaut Radar für dä Jlöhwing, denn wie me losjinge un de ierschte Buude ze senn wore, da fing se an ze schnüffele wie unser Hond, dä Adolf, wenn der en Kaning rüch, bloß dat ming Ahl op Jlöhwingspure wor un wie su e Trüffelschwein medden durch de Lück gewalzt es. Et hätt mich wirklich net jewundert, wenn se anjefange hätt ze bellen, wie se endlich die Jlöhwingbuud jefunge hatt. Ich moot natürlich eene metdrenke, un die Bröh hät jeschmeck wie dat Zeuch, met dem me de ahle Lack afkratz, bääh, su söß un su widderlich. Mir wurd janz schläch. Dann fing die Söökerei noh dem Lametta an, un ich hatt et ja ad jesaat: Op dem Weihnachtsmaat steht zwar een Freßbuud nevven der andere, un wenn ich Freßbuud sage, dann meene ich dat och su negativ wie dat klink, ävver Weihnachtssaache? Fehlanzeige. Keen Kuggele, keen Krippche un natürlich kee Lametta. Op dä Ärjer moot dat Walli direk noch ene Jlöhwing drinke, un der hät noch bedrissener jeschmeck wie der ierschte. Dann sen me erin en de Kaufhäuser un han jefroch. Die Verkäuferinne han uns anjeluurt, als hätten me irjendjet Unanständijes han wolle un dann han se dorch de Nas von bovven eravv erklärt, dat Lametta völlig "out" wör, un me dääत hück Schnie us de Sprühdos en de Boom spritze. Oder Flitter. Ming Ahl hät jefroch, ob se dat Zeuch och op de Kuche spritze dääte. Schnie us de Sprühdos, dat wär jo jenausu widderlich wie Sahne us de Sprühdos. Lametta jov et nur us Plastik, un dat wor noch widderlicher wie der Sprühdosenschnie. Mir also widder op de Weihnachtsmaat un an die dritte Jlöhwingbuud. Ming Ahl wor irjendwie seckich un hät die Brüh fottjesoffe, wie wenn et Wasser wör. Su janz fess op de Been wor se och ad nimmih. Se wor am waggele un hing schwer en de Seile. Nevvenaan wor en Buud met Jlaskuggele, ävver keen normale Chressboomkuggele, sondern so richtich mundjeblosene und ärch düür. Dat han ich ävver iersch jemerk, wie ming Ahl em Suff een von der Thek op de Ääd jefäch hat. Dat Walli hät sich vürjebeuch zo dem Jlasbläser un wollt ihr Lametta han. Ävver se hätt su jelallt, dat der Kääl kee Wort verstande hät un bloß sing Jeld für die kapotte Kuggel han wollt. Ming Ahl wor ad ziemlich - sageme anjesäuselt, un se kräch op eemol su ne Lieheskoller, däät mir em Jesicht erömtatsche un wollt mich affknutsche. Mein Jott, wor mir dat peinlich, un su vür all der Lück. Noch dozo stonk se us de Muul wie en Kuh usem Aa ..., nää, dat sage ich leever net. Ich han se unterjehak un wollt noh Huus, ävver do hatt ich net met mingem Walli jerechnet. Die hätt sich met Händ und Föß jewehrt un jebrüllt, se wollt noch ene Jlöhwing oder zwei oder drei, un ich wör ne Schlappschwanz und däät se jar nimmih jäänhan un övverhaup, ihr könnt dat bedrissene Weihnachte jestollen blieve, un ich könnt mir dat Lametta en de Hoor schmiere. Ming Ahl war voll, richtig sternhageljedrissen-voll. Ich wollt nur noch fott, ävver dat Walli wor op eemol waggelich op de Been un wollt sich hinläje, für en Rond ze schlofe, un dat medden op dem Platz! Un wie se su en de Knie jeht, senn ich vür mir en richtije ahle Buud met holzjeschnitzte Kreppche, met Engelche un bunte Kuggele, un hinger der Thek en urahl Tant wie us em Märche, un ich woß, die Buud hät et Chresskindche geschick! Wenn eener noch richtich Lametta han däät, dann die. Un die Hoffnung hät dann och ming Walli widder op de Been jebraat.

Ich mein, der janze Brassel für zwei Päckchen Lametta - also irgendswie han ich mich schwer jeärgert. Ävver dann kom et janz anders wie jedaach un hät sich letzten Ends doch jelohnt.

Wie der Boom om hillije Ovend endlich stond un dat Walli dat neue Zinnlametta en de Zweige schmiß, rötschte plötzlich su ne Striefe op de Fernseher nevven dem Boom. Ich soch et komme:

Jaaaanz langsam rötschte der Lamettastriefe wie su en Python-Schlang von dem Äßje en dä Apparat erin. Ze-iersch es nix passiert. Ävver dann! Ene Zisch, ene Puff un en schön Qualmwölkche. Dat Lametta stond op eemol von dem Boom in all Himmelsrichtunge aff. Ming Ahl kroch ene Schlach un floch en de Zemmereck, dat et Jeschirr im Schrank am rappele wor. Ich woß jar net, dat die su jot fleeje konnt. Jot, die Landung war jet heftich un die Hoor vor der sochen us, als hätt se en Dauerwell mem Stochiese jekrich, bahl wie su ne Struwwelpitter. Dann floch de Sicherung erus un mir stonnte em Düstere. Wie ich se widder drin hat, kom ming Ahl jrad usem Wohnzemmer jewaggelt, als hätt se ad widder Jlöhwing jesoffe, ävver irjendwie stief wie su ne kapotte Robotter, un us de Schoh von der hät et jedämp. Dat schlemmste wor der kapotte Fernseher. Die janze Fierdaach mit minger Ahl - un ohne Fernsehen? Dat hältste net us! Ävver dat Chresskindche stond dann doch op minger Sick: Ming Ahl hät nämlich wejen dem elektrische Schlach de janze Zick de Muul net opjemaat - un dat wor der janze Ärjer wirklich wert. Un für su stille Chressdaach jonn ich jern widder Lametta koofe.

Dat vürnehme Besteck

Leev Junge und Mädche,

hat ihr och su´n fürnehme Tant in de Famillich, su een, die immer nur dorch de Nas un övver all Lück schlech sprich? Bei ons wor dat de Tant Josepha, natürlich kom die net us minger Famillich. Ävver die un ming Ahl, die waren eene Kopp un eene Aasch. Wenn die zesomme wore, dann jing die janze Zigg die Schlabberschnüss, dat einem der Kopp wih däät. Wie heeß et su schön: nur die Jode sterven jung, un die Tant war ad uralt, wie ich dat Walli hierode moot, un hügg is die noch uralter. Un dat Bies es net kapottzekrijje. Ävver se hät natürlich Jeld wie Heu und verzällt uns immer, dat se uns em Testament bedach hät, un dafür könnt se jo verlange, dat mir e beßje nett für se sen. Natürlich dooch die Tant immer Weihnachten op, für sich vollzefresse. Dabei konnt me die Jeschenke, die die verdeilt hät, nur mit de Kneifzang anpacke. Die Pänz kroochen immer Ungerwäsch us Woll, weil die anjeblich su jesund wör. Mir hät se jedes Johr die jliche Krawatt verpaßt, un dat Walli kritt Strickstrümp. Ich wette, dat die ahl Schratel jar kee Geld hatt un dat dat Testament nur en Luffnummer wor.

Jottseidank is dann em vürletzte Johr die Sach mit dem Besteck passiert, un seit der Zigg hamme Ruh vür der Tant.

Wie dat jekomme es? Mir hatten jroße Weihnachtsfeier mit der janze Famillich. Un minge Chef, der wollt sich och net lumpe losse un ne jruße Karton schicke losse. Mir woren schwer jespannt, wat da drin sin könnt. Ze-iersch mooten me die Jeschenke von der Tant jebührend bewundere. Dann kom endlich der Karton an de Reih. Wat war drin? E neu Besteck, su richtich vürnehm. Messer, Jabel, Löffel, alles für sechs Personen, mit nem schöne Holzkaste. Ich mein, mir jefiel et, ävver dat Walli hät ja immer jet ze meckern un säät, dat dat Besteck net zum Geschirr passe däät. Ich han zu minger Ahl jesagt, dat wör doch drissejal, ävver die Tant Josepha moot natürlich och noch e fuul Ei drenkloppe. *Ja, sie hätte da ganz exzellente Beziehungen und könnte das Besteck umtauschen gegen etwas Geschmackvolleres.* Ich wollt jo net, ävver dat Walli wor bejeistert: "Prima, donn dat! Fott met dem Krom."

Un wat soll ich sage: Dat Besteck is fott. Ich han nie widder jet davon jesenn oder jehüürt. Irjendwann em Sommer däät die Tant ens anrofe, un ich han se gefroch, wat ming Besteck määt, un do säät die Tant doch tatsächlich, ich hät ihr dat doch jeschenk, janz bestimmb, un dat Walli wör sojar Zeuge. Un seitdem hamme Ruh vür der Tant. Ich mein, ich könnt dat Walli jo froge oder bei der

Tant vürbeifahre un op de Desch haue, ävver dat is mir dat olle Besteck schon wert, wemme dafür sing Ruh hät.

Eijentlich mööt ich die Tant ens frore, ob se net och ming Ahl ömtuusche könnt, wo se doch sooo jote Beziehungen hät.

Dä Schlössel is fott

Leev Junge un Mädche,

Weihnachte mit de Kinderchen kann jo jet Schönes sen, ävver wenn me ne Hond hät, dann kann et schnell Streß jevve. Ich hatt jo ad verzällt, dat mir ne Daggel, dä Adolf, han. Op mich hüürt dat Vieh manchmol, ob ming Ahl ävver hüürt der Köter nie, janz em Jejendeil. Wenn ming Ahl anfänk, ze brülle, dann setz dä Adolf vür der und deet von eenem Uhr bis zom andere jrinse. Sovell Jedold han ich net.

Eemol hät dat Vieh uns ze Weihnachte ävver janz schön de Tour vermasselt.

Mir hatten wie jedes Johr de Boom jeschmöck, un irjendwie hatt sich der Köter in dä Boom verliebt un wollt immer in der Ständer pinkele. Immer widder kom dat Vieh un wollt et Been hevve, un dat bei all der Nadele, die dääten den doch en de Fott steche - ävver vielleicht hatt dä Adolf dat Piekse jo sujar jään. Ming Ahl, wat dat Walli is, hät en immer widder mem Schluffe wegjescheuch, ävver dä Adolf wor wie verdötsch donoh.

Schön! Mir hatten also dä Boom jeschmöck, dann de Pänz erusjeschmesse un de Jeschenke fein dromheröm drapiert. Dat met dem Chresskindche, dat han die Pänz doch suwiesu ad nummih jejlööv. Ävver der Tamtam, der däät irjendswie dobei jehüüre.

Dann jing et ze-iersch en de Mess zum Kreppespell. Un dat der Adolf net widder der Boom beehrte, wurd dat Wonnzemmer affjeschlosse.

Dat wor ne Fähler.

Wie me noh Huus komen, soß dat Vieh en singer Hondebud un luurte us dä Wäsch, wie wenne et kee Wässersche trübe könnt - bloß: dä Wonnzemmerschlössel wor fott. Mir han jebeddelt, han dem Vieh mit Klöpp jedroht, han der Adolf met de Wursch versöök ze besteche, et hät alles nix jenötz. Dat Vieh hatt der Schlössel verschludert, dat wor doch klor. De Pänz wore ad am knatsche un luurten dorch et Schösselloch noh de Jeschenke. Dat Walli stond vür dem Adolf un däät brülle, dat et Jeschirr em Schrank kapott jing, ävver dä Daggel jähnt nur un drieht dem Walli sing Fott zo. Ävver sujet mähste net met minger Ahl! Die hät dat Vieh em Nacke jepack, jing an et Finster und helt et erus. Wat wor dat Erjebnis: Dä Adolf fing vor Angst bloß an ze pinkele un ze jaule, bes unge dat Finster opjing un et Kättchen mem Paraplü wisse wollt, wat bei uns los wör.

Dat Walli fing also an, et ihr lang un breet ze verzälle, ävver ich konnt die Oper net metanhüüre un ben en de Speiskammer, um ne Hammer un ne Schruveträcker ze holle un de Wonnzemmerdüür ze knacke. Jing ävver net.

Dann stond och ad et Kättche en de Huusdüür, öm de Zemmerschlössel von denne ze brenge. Na jot, erin jinge noch. Er leet sich och driehe, bloß nötze däät et nix. Die Düür blivv zo, un de Schlössel kräch ich och nimmih erus.

Ich met de Zang dran, driehe, brassele un würje an dem Deil eröm, bes dat Dinge op eemol affbrich! Ming Ahl deet ene Brüll, ich verschrecke mich, rötsche aff un schramme met de Zang övver dat schöne Funier von dä Düür. Na ja, jetzt hät dat Walli natürlich noch mih jebrüllt. Wejen dem Krach kom dä Hubbäät us de Wonnung övver uns luure, soh die Bescherung met dem affjebrochene Schlössel un meent, er hätt en Idee. Also, wenn dä Hubbäät Idee hät, dann jitt et meistens en Katastroph. Er säät, et wör janz eenfach. Eine mööt en dat Zemmer, die Stifte us de Schaniere drücke, un dann könnt me die Zemmerdüür janz eenfach opdäue. Janz eenfach, ävver jetz kom die Sach mit dem Seil. Eine sollt sich von bovven affseile, e kleen Loch en de Finsterschiev huue, dat Finster opdriehe un schon wöre drin. Ich han den Hubbäät anjeluurt un dem ze-iersch ens en Vüjjelche jezeich. Affseile! Ben ich der Luis Trenker, han ich jefroch. Dann moot sich natürlich ming Ahl enmische un meent, wenn mir ze feich wöre, däät sie et, se wör ens ärch sportlich jewess. Na ja, dat moot ävver schon en paar Jahrhunderte her sen, eh der jruße Hunger kom. Ävver dann han ich mir jedach, dat wör vielleech jar keen schlächte Idee. Wenn ming Ahl dann so em drette Stock am Seil baumele würd, un mir dann, su janz us Versehn natürlich, dat Seil us de Hand rötsche dääť, dat wör natürlich für ming Ahl ne janz bedauerliche Unfall. Wie ich so nohdenke, luurt mich dä Adolf an. Ich jlööv, Daggele könne Jedanke lese, un ich könnt schwöre, dat der Adolf in dem Augenbleck ze jrinse anjefange hät, janz bestimmb. Ävver dann hät ming Ahl plötzlich wesse wolle, wat ich su blöd ze jrinse hät, un do es mir klor jeworde, dat de dritte Etage jar net huh jenoch wör für ming Walli. So jot jepolstert, wie dar es, dääť die sich wahrscheinlich jar nix, sondern nur optitsche wie s´ne Medizinball. Oder et Trottoir wör dann verblötsch, un ich hätt die Rechnung am Hals.

Dä Hubbäät hät dat Seil jehollt un mir sin bovven en de Wonnung, wo der dat Seil dann an et Finsterkreuz gebunge hät. Dann kom die Sach mit der Strichhölzje. Wer dat kürtere treck, der lätt sich affseile, meint der Hubbäät. Wat soll ich sage? Natürlich hatt ich dat kürtere, wor doch völlig klor. Ich also ob et Finsterbrett. Dat wor verdammb deef eravv bis op de Stroß, un et jov ken zurück. Dä Hubbäät leeß janz langsam dat Seil affloofe, dann fing die Waggelei aan, un mir wurd janz schläch. Et hätt net vell jefehlt, un ich hät direk op de Stroß jekotz, un dat hätt mir net joot jedonn, denn usjerechnet jetz kom ne Schutzmann öm de Eck, sitt mich an dem Seil erömwaggele, un wie

ich mem Hammer de Schief einschlagen well, treck der sing Pief un määt ene Krach wie so en Lokomotiv. Ich han ene Schreck jekrech, donevve jehaue, un Paaf, wor die janze Finsterschief em Aa .... Dat Walli loch op em Buch bovven em andere Finster, soch dat Maleur un fing an ze schänne, dat de janze Stroß et methüüre konnt. Un dä Schutzmann wollt, dat ich direk eravvkom. Et janze Johr kütt keene Schutzmann, un usjerechnet op Hillichovend kütt su ne Kääl dorch de Stroß. Ich brölle dem zo, dat wör ming Finster, dat ich kapottjeschlage hät. Er soll da fottjonn, eh dat noh jet passiert. Wie mir su verzälle, hüüre ich op eemol, wie dä Hubbäät ze stöhne anfänk, weil ich dem ze schwer ben. Dat Seil däät rucke un zucke, ich hüüre ad de Engelche flööte, un dä blöde Schutzmann steht unger mir un jitt Kommandos. Dann es et passiert. Wie ich mich von dä Wand affstusse well, bliev minge Schoh an nem Nagel hänge, rötsch mir vom Foß un fällt dem Kääl unger mir direk op de Kopp. Dem hät dat net jefalle, denn der rannt janz wödich en et Huus. Jetz hatte me der Rään. Ich han mich en et Finster jeschwunge, durch die kapotte Schief jepack un et dann endlich opjekrich. Wie die Brüllaap von Schutzmann bovven em Finster wor, soß ich schon en unserem Wonnzemmer. Jetz kom alles op ming Ahl an. Normalerwies konnt ich mich op die Muul von der verlosse.

Na ja, dä Rest wor janz einfach. Die Stifte erus

aus de Scharniere, dann konnt ich die Düür janz vürsichtich optrecke. Dohinger war die janze Bagasch zesamme un däät sojar en de Händ klatsche. Der Schutzmann hät mir minge Schoh widderjejovve, dann rannten die Pänz in et Wonnzemmer un han ze-iersch ens de Jeschenke jeplündert. Et wor en komische Bescherung. Mir un dä Schutzmann krochen ne Kaffee en de Köch, und de Pänz han sich ungerem Chressboom jezänk. Dat Walli wor am brassele, öm dat Kaffeewasser opzesetze, un wie se e Täschedoch us de Täsch trock, öm sich de Nas ze botze, määt et op eemol Pling, un dä Schlössel loch op em Köchebodden. Sie hät nur janz drüsch jemeent: "Och, do esse jo!"

Und dofür der janze Zortier. Do han ich mir jeschwore, dat mir dat met dem Seil noch ens widderholle, ävver dann hänge ich doch ming Ahl dran.

De Weihnachts-Muus

Leev Junge un Mädche,

han ich üch dat Histörche von der Weihnachtsmuus verzällt?

Dem Walli, wat ming Ahl is, dem jeht de Schnüss wie en Entefott, ävver wenn die en Muus sieht, dann is et us. Se dääat ene Brüll, sprink op de nächste Stohl un schmieß mem Schluffe noh dem ärme Dier. Eemol hatte mir su e Huusdierche sojar en de Heia. Ich war am schlofe, un plötzlich merk ich, wie mich jet am Bein kratz, un ich denk, dat Walli hätt op eemol su sinnliche Anwandlungen jekrich. Ävver dann han ich jedaach, nä, su jelenkich kann dat Walli jar net sen un driehe mich eröm, schlage die Deck op un senn en Muus, die wie radderdoll erömlööf. Ming Ahl hät de Radau natürlich och spetzjekrich un hät jebrüllt, ich sollt Ruh jevve, un do han ich janz ruhig jemeent: "Räch dich net op, ävver mir han en Muus em Bett!"

Ming Ahl sprong usem Bett, dat et ene örndliche Rumms jov un em Schlofzimmer unger uns bestimmb de Lamp von de Deck jefalle is. Die Muus rannte flöck in de Eck. Dat Walli wollt bestimmb de Schluffe packe, ävver in dem Schreck hät se wohl de Kammerpott in de Fingere jekrich un hät dat Dinge dem ärmen Dier an de Kopp jeschmissen. Jo, un dann wor net nur die Muus kapott, nää, och der Kammerpott.

Ävver ich wollt üch jo von der Weihnachtsmuus verzälle. Also: Mir hatten domols im Weihnachtsboom net nur Kuggele un Lametta, sondern och so Stääne un Nikolaus-Fijure us Schokolad. Und wir mir do su op dem Sofa setze, merk ich op eemol, wie sich in dem Boom jet bewäch. Un ich denk, en Kugel is los und will se widder festmaache un merke, dat in dem Boom en Muus erömkrabbelt un an de Schokoladenstääne knabbert. Dat Walli hät dat leider och bemerk, däät ene Brüll un leef Amok, weil, wenn et öm de Weihnachtsboom jeht, do sitt die nur noch rut un hät och keen Angs mih, so verdötsch is die op der janze Weihnachtskrom. Un schon hät se sich de Schluffe usjetrocke un hät noh dem Tier jeflitsch, dat die schön Chressboomkuggele durch de Jejend jefloge sen. Die Muus wor natürlich fott. Hamme jedaach. Bloß, wie dat Walli so richtich hinjeluurt hät, sitt et die Muus op eemol in de Kripp beim Chresskindche lijje un se aankniepe. Ich konnt dat richtich senn, wie die Muus su ee Aug zukniepe däät, als wollt et dat Walli veräppele. Ävver net mit minger Ahl. Dat Walli hät mit der Fuus noh der Kripp jehaue, dat et Maria un der Jupp wie Engelche fottjefloge sen. Un die Muus is och affjehaue, bloß hät die sich dobei dat Chresskindche

jeschnapp - so quasi als Beute. Komisch, dat war doch janet us Schokolad. Die Muus war fott un dat Jesuskindche och. Dat Walli wor am kriesche un wollt, dat ich sämtliche Muusfalle vom Speicher un von de Nohbarschaff holle sollt. Un dann hät se die janze Falle rond öm der Boom drapiert wie su en Belagerung. Als ob die Muus op de stinkije Kies esu doll jewese wör. Ich han minger Ahl also jesagt, dat dat keene Zweck hät, sulang der Schokoladekrom noch em Boom wär, ävver dat Walli wollt Kreech un meent, se däät sich net von so ner Muus vürschrieve losse, wie se de Boom ze schmücke hät. Dat Vieh mööt weg un außerdem wollt se ihr Chresskindche widderhan, wat die Muus stibitz hät.

Dann hät sich ming Ahl op de Lauer jeläch, de janze Naach. Irjendwann wor ich et leid un ben in de Heia, weil, wenn dat Walli ne Rappel hät, dann is dem net mih ze helfe. Midden in der Naach däät et op eemol ne laute Knall, un dann nen Brüll un noch ene un noch ene. Ich also in et Wonnzemmer, da kruch ming Ahl op de Knie hingerm Chressboom eröm un haut noh der Muus un tapp dobei von einer Fall in de nächste. Een Muusfall hät se sojar em decke Zieh hänge jehatt un een an der Nas. Und die Muus setz op eemol op dem Wonnzemmerdesch un lach sich kapott övver dat wildjewordene Walli.

Also, wat soll ich sage: Mir han der Weihnachtsmuus dann janz einfach e paar Plätzche op enem

Tellerche in de Eck jestellt, quasi als Friedensanjebot. Un pass op, jetz kütt et: Am nächsten Daach wor dat Chresskindche widder en der Kripp un mir hatten uns Ruh. Un dem Walli han ich de Schluffen verstoche, datt se net widder noh dem ärme Dier schlage kann.

Leev Junge un Mädche, wie heeß et esu schön: Me moß och jönne könne.

Un jetz:

Fruhe Weihnacht, leev Junge un Mädche!

Heinz Theo Honnef

'ne Ratsch em Kappes

Von einem, der auszog, Rheinisch zu lernen!

VMS

7,60 €

ISBN 3-936253-06-4

*H*einz Theo Honnefs erstes Buch ist sowohl ein Roman, als auch ein vergnügliches Spiel mit der rheinischen Sprache und ihren zahlreichen Redewendungen. Es ist außerdem eine Liebeserklärung an seine Heimatstadt und an die Menschen, die dort leben, aber es ist möglich, daß einige es nicht merken.

*A*ch ja, eventuelle Ähnlichkeiten mit lebenden oder toten Personen sind, wie immer, rein zufällig, aber nicht ganz unbeabsichtigt. Und falls jemand den Eindruck haben sollte, daß dieses Buch eine Hommage an Professor Heinrich Lützeler sei, so könnte er damit nicht unrecht haben ...

Heinz Theo Honnef

Besser en Plääät ...

...wie jar keen Hoor

VMS

7,60 €

ISBN 3-936253-00-5

Rheinische Redensarten und was dahintersteckt

*D*ie rheinische Sprache zeichnet sich durch die Unmittelbarkeit aus, mit der sie die Dinge beim Namen nennt, ohne dabei Feinsinnigkeit und Humor zu verlieren. Dies spiegelt sich vor allem in den zahlreichen Redewendungen wider, die für jede Lebenslage einen oft absurd klingenden, immer jedoch treffenden Vergleich bereithalten und zum "Pöttchen" das passende "Deckelchen" finden.

*H*einz Theo Honnef hat nicht nur weit über 400 dieser Redensarten gesammelt, sondern sie auch ins Hochdeutsche übertragen und mit - nicht immer ganz ernst gemeinten - Erläuterungen und Kommentaren versehen.

Heinz Theo Honnef

Lecker müffele & süffele

ISBN 3-936253-12-9

7,60 €

Vom rheinischen Essen und Trinken

*H*einz Theo Honnef ist "ene Bönnsche Jung" von Geburt her und Rheinländer aus Überzeugung.

*A*ls Kenner nicht nur der rheinischen Küche und passionierter Hobbykoch plaudert er genüßlich und sachverständig über die Beziehung der Rheinländer zum deftigen Essen und Trinken und unternimmt launige Ausflüge in die Geschichte der rheinischen Kochkunst. Außerdem gibt er Anregungen und verrät Rezepte, mit denen man das Gute noch besser machen kann.

*D*enn wie heißt es doch so treffend:

E Bieß, wer sich nix jönnt!

Heinz Theo Honnef

Klaafe, bubbele & schwade

So sprechen sie, die Rheinländer!

*E*s soll doch tatsächlich böse Zungen geben, die behaupten, daß die Rheinländer gerne und viel reden.

***I*st überhaupt nicht wahr!**
... oder vielleicht doch?

*H*einz Theo Honnef ist der Sache auf den Grund gegangen und in die Tiefen und Untiefen der rheinischen Sprache hinabgestiegen, um die Wahrheit herauszufinden.

*E*r hat dabei Erstaunliches, Wissenswertes und Kurioses zutage gefördert, begnügt sich aber nicht mit der Feststellung von Tatsachen, sondern kommentiert mit Humor, Witz und feiner Ironie.

*S*o ist ein unterhaltsames und vergnügliches Lesebuch entstanden, das auch gleich den Beweis dafür liefert, daß Rheinländer sich sehr wohl kurz fassen können, wenn die Not es gebietet:

"Die Andere! ... jeden Daach! ... immer! ... nix! Ons Marie ... eemol ... Dä!!"

ISBN 3-936253-21-8

7,60 €

Georg Renard

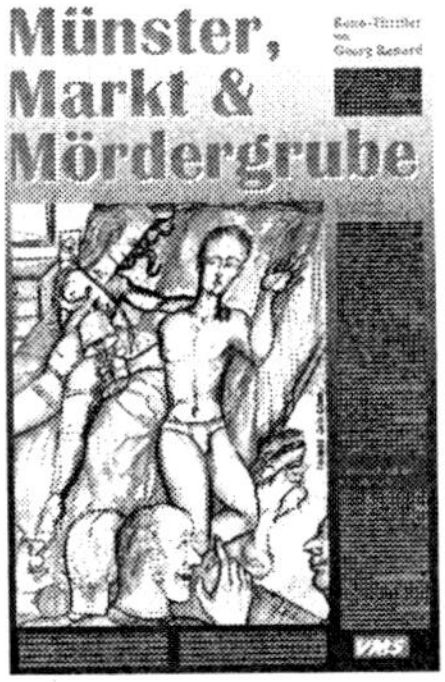

Münster, Markt & Mördergrube

BONN-KRIMI

Ben, die Hauptfigur, ist Sohn einer Bonner Marktfrau. Während sie laut, herrisch und brutal ist, leidet Ben unter epileptischen Anfällen und seinen Hemmungen. So hat er keinen leichten Stand, denn auf dem Bonner Markt herrscht ein rauher Umgangston.

Zum 18.Geburtstag machen ihm die Marktleute ein ganz besonderes Geschenk, nämlich die erste Nacht mit einer Frau. Was als geschmacklose Überraschung beginnt, endet mit einem tödlichen Unfall. Die Marktleute lassen in ihrer Panik die Frau verschwinden, Ben aber wird durch das Ereignis völlig aus der Bahn geworfen. Können sich die Männer auf seine Verschwiegenheit überhaupt noch verlassen?

Dann lernt Dr. Ulla Pinder, sonst Psychologin im Dienste der Kripo Bonn, den Jungen eher zufällig kennen, hat aber zuerst einmal große Probleme, zu dem scheuen Ben überhaupt Kontakt herzustellen. Doch dann findet sie heraus, daß Bens Geheimnis dunkler und unheimlicher ist und gar nichts mit dem Tod der Frau zu tun hat.....

ISBN 3-936253-45-5, 168 Seiten
Ladenpreis: 7,60 EUR

Georg Renard

'Ne Bönnsche Jung auf heißer Spur

BONN-KRIMI

Illustrationen:

Turid Semland

ISBN 3-936253-26-9

7,60 €

*D*er betagte Stadthistoriker Ägidius Löllgen wird tot im Florentiusgraben gefunden. War es ein Unfall oder steckt mehr dahinter? Seine Stammtischfreunde und vor allem Tünn Peffekoven, 'ne echte Bönnsche Jung, vermuten ein Verbrechen, denn Ägidius war einem Geheimnis auf der Spur, dessen Wurzeln zurückreichen in die mittelalterliche Vergangenheit Bonns. Warum interessierte sich Ägidius für die sterblichen Überreste von Cassius und Florentius und die Taten des Kurfürsten Gebhard Truchseß vor 450 Jahren? Was passierte damals, das heute einen Mord rechtfertigt?

*T*ünn hat eigentlich gar keine Lust, auf seine alten Tage noch Privatdetektiv spielen zu müssen, aber schließlich steht das Vermächtnis von Ägidius auf dem Spiel. Er beginnt Fragen zu stellen und stößt auf einige Verdächtige.

*D*er Bonner Schriftsteller Georg Renard wählt für seinen Bonn-Krimi rund um die Nachforschungen des Tünn Peffekoven und seinen Ausflug in Bonns mittelalterliche Vergangenheit eine ungewöhnliche Form.

*Z*usammen mit der norwegischen Künstlerin Turid Semland entwikkelt er eine interessante Verbindung aus Geschichte und pointierender Illustration.

*T*urid Semland kommt aus Oslo, war als Farbexpertin für Agfa und Kodak tätig und widmet sich heute der Schriftstellerei, Malerei und Musik.